国家自然科学基金资助项目:智慧城市关键基础设施
系统韧性各中心治理机制研究 (NO.72174140)

四川省哲学社会科学重点研究基地"社会发展与社会风险控制研究中心"
2023年度课题:特大城市安全韧性治理机制构建与路径提升研究(SR23A05)

智慧城市安全韧性评价与时空演化

黄佳祯　项　勇　马云慧　孟俊娜　著

化学工业出版社

·北京·

内 容 简 介

《智慧城市安全韧性评价与时空演化》以城市为研究对象，建立城市安全韧性的评价指标体系及评价模型，并运用ArcGIS软件建立空间模型分析区域间城市安全韧性在时间及空间分布上的差异。通过实证分析法，对西部地区十二个省、自治区及直辖市的城市安全韧性进行针对性的评价和分析，最终提出相关对策。

本书的主要内容包括城市发展进程与灾害研究、国内外安全韧性城市建设现状分析、城市安全韧性评价指标体系相关理论、城市安全韧性评价指标体系、我国西部地区城市安全韧性评价时空演化分析、我国安全韧性城市建设中的措施研究。

本书的读者对象为从事城市治理、城市应急管理、城市建设的相关职能部门人员以及进行城市建设、城市应急管理、城市安全韧性研究的学者、博士和硕士研究生等。

图书在版编目（CIP）数据

智慧城市安全韧性评价与时空演化/黄佳祯等著．—北京：化学工业出版社，2023.9

ISBN 978-7-122-44307-6

Ⅰ.①智… Ⅱ.①黄… Ⅲ.①现代化城市-城市管理-安全管理-研究 Ⅳ.①D035.34

中国国家版本馆CIP数据核字（2023）第185120号

责任编辑：刘丽菲　　　　　　　　　　　文字编辑：罗　锦　师明远
责任校对：王鹏飞　　　　　　　　　　　装帧设计：张　辉

出版发行：化学工业出版社（北京市东城区青年湖南街13号　邮政编码100011）
印　　装：大厂聚鑫印刷有限责任公司
710mm×1000mm　1/16　印张12½　字数215千字　2024年5月北京第1版第1次印刷

购书咨询：010-64518888　　　　　　　　售后服务：010-64518899
网　　址：http://www.cip.com.cn
凡购买本书，如有缺损质量问题，本社销售中心负责调换。

定　价：78.00元　　　　　　　　　　　　　　　　　　版权所有　违者必究

随着韧性概念和理论的不断延伸,"韧性"一词被运用于城市这一复杂的巨系统中。在我国,韧性城市是指能够凭借自身能力抵御灾害,减轻灾害损失,并合理地调配资源以从灾害中快速恢复过来的城市。当灾害事件发生时,韧性城市能够及时感知、快速应对、迅速恢复,保持城市基本正常运行,并通过自我调节来更好地应对未来的灾害风险。因此,韧性城市的内涵包括两个方面,一是城市系统通过自身的调整具备抵御外界干扰的能力,二是城市系统将外界干扰转化为自身能力的提升以应对未来可能的风险。

防灾减灾、抗灾救灾是人类生存发展的永恒课题。"韧性城市"是在逆变环境中具备承受、适应和快速恢复能力的城市。当前,城市功能日趋复杂,城市尤其是大中城市的基础设施、资源、生态承受着较大压力,人口、建筑、生产、财富的聚集可能会对各种灾害风险产生放大效应。因此,在优化城市功能、提升城市治理效能的同时,防范化解城市运行中的风险、提高城市的韧性日益重要而迫切。

本书以城市为研究对象,把握城市发展进程,使用突变级数法建立城市安全韧性评价模型,通过 ArcGIS 软件构建空间数据模型,最终运用实证研究法对西部地区十二个省、自治区及直辖市的安全韧性城市建设进行针对性的评价和分析。本书的主要内容为:

第一,以城市作为研究对象,探究了城市发展进程中灾害对城市造成的危害性,并对当前安全韧性城市研究现状进行分析与总结。研究认为随着城市的发展,城市中各种风险因素交织,城市安全问题逐渐显现,建设安全韧性城市是应对城市风险、促进可持续发展的重要手段。

第二，安全韧性城市是城市发展进程中的重要阶段，城市发展离不开城市安全。安全韧性城市评价指标体系的构建遵循科学性和客观性、定量化和实用性、权威性和典型性、系统性和完备性等原则，从城市人员安全韧性、城市设施安全韧性、城市管理安全韧性这三个维度分析提炼出10个二级指标，35个三级指标，构成安全韧性城市评价指标体系。

第三，根据安全韧性城市评价指标体系，运用ArcGIS软件中的要素划分功能，对我国西部地区城市进行测评和时空演化分析，构建完成西部地区各省、自治区及直辖市2017年、2019年、2021年安全韧性评价的GIS空间模型后，形成西部地区各省、自治区及直辖市安全韧性城市等级分布，并通过莫兰指数、显著性分析等进行时空分布分析。

第四，根据总体国家安全观的要求，结合我国西部地区安全韧性城市建设现状，从风险识别体系、韧性治理规划、建设任务与目标、协同治理以及制度体系等多角度考虑强化城市安全韧性和面临风险时的应对措施与优化策略。在韧性理念指导下，将城市防灾减灾与韧性治理规划相结合，形成适应于安全韧性城市建设的相关策略建议，强化城市防灾减灾和可持续发展能力，加快安全韧性城市建设。

本书由西华大学黄佳祯总体质量把控和执笔完成；西华大学项勇负责理论模型构建；西华大学马云慧和天津大学孟俊娜负责数据收集和数据分析处理。本书得到了西华大学建筑与土木工程学院、应急学院领导的大力支持。同时吸取到部分学者的研究成果和观点，使本专著的内容得到了丰富和完善，在此对这些学者表达衷心的感谢。最后，也特别要感谢化学工业出版社的大量帮助和支持。

著者
2023年4月

目录 CONTENTS

第一章 城市发展进程及灾害 001

第一节 城市发展进程及特征 001
一、城市发展 001
二、中国城市发展 003

第二节 城市面临的灾害及影响 005
一、城市面临的灾害与成因 005
二、城市灾害的特征与影响 007

本章小结 010

第二章 智慧城市与安全韧性城市 011

第一节 智慧城市 011
一、智慧城市的起源 011
二、智慧城市的概念及特点 013
三、新型智慧城市 017

第二节 韧性理念 019
一、韧性概念 019
二、韧性理念的发展过程 020

第三节 安全韧性城市 ································· 022
　一、韧性城市的概念 ································· 023
　二、安全韧性城市的内涵 ····························· 025
第四节 智慧城市的城市韧性 ··························· 027
　一、智慧城市的城市韧性背景 ······················· 027
　二、智慧城市的城市韧性概念 ······················· 028
　三、智慧城市的城市韧性作用 ······················· 028
　四、我国智慧城市面临的城市韧性问题 ············· 029
本章小结 ·· 029

第三章 安全韧性城市的现状 030

第一节 国外安全韧性城市的现状 ····················· 030
　一、国际组织倡导下的安全韧性城市建设 ·········· 030
　二、部分代表性国家安全韧性城市建设现状 ······· 033
第二节 我国安全韧性城市的现状 ····················· 039
　一、安全韧性城市的提出与探索 ···················· 039
　二、我国典型安全韧性城市的建设与实践 ········· 041
本章小结 ·· 045

第四章 城市安全韧性评价指标体系 046

第一节 城市安全韧性评价指标体系的构建 ·········· 046
　一、评价指标构建的目的及其原则 ················· 046
　二、城市安全韧性初始评价指标的构建 ············ 047
第二节 城市安全韧性评价指标体系优化过程 ······· 052
　一、基于问卷调查法的评价指标体系初步优化 ···· 052
　二、基于因子分析法的评价指标体系合理性分析 ·· 055
本章小结 ·· 060

第五章　智慧城市安全韧性评价与时空演化的理论方法　　061

第一节　评价的理论方法⋯⋯⋯⋯⋯⋯⋯⋯⋯⋯⋯⋯⋯⋯⋯⋯⋯⋯⋯　061
一、评价方法的选择⋯⋯⋯⋯⋯⋯⋯⋯⋯⋯⋯⋯⋯⋯⋯⋯⋯⋯　061
二、突变理论的基本原理⋯⋯⋯⋯⋯⋯⋯⋯⋯⋯⋯⋯⋯⋯⋯⋯　063
三、构建城市安全韧性评价模型⋯⋯⋯⋯⋯⋯⋯⋯⋯⋯⋯⋯⋯　068

第二节　空间分析理论⋯⋯⋯⋯⋯⋯⋯⋯⋯⋯⋯⋯⋯⋯⋯⋯⋯⋯⋯⋯　075
一、城市空间分析的图层理论⋯⋯⋯⋯⋯⋯⋯⋯⋯⋯⋯⋯⋯⋯　075
二、安全韧性城市空间分析的计量地理学⋯⋯⋯⋯⋯⋯⋯⋯⋯　076

本章小结⋯⋯⋯⋯⋯⋯⋯⋯⋯⋯⋯⋯⋯⋯⋯⋯⋯⋯⋯⋯⋯⋯⋯⋯⋯⋯　079

第六章　实证区域研究——我国西部地区城市发展与建设　　080

第一节　实证区域研究范围说明⋯⋯⋯⋯⋯⋯⋯⋯⋯⋯⋯⋯⋯⋯⋯⋯　080
第二节　我国西部地区区域城市发展与建设基本情况⋯⋯⋯⋯⋯⋯⋯　080
一、我国西部地区城市建设现状⋯⋯⋯⋯⋯⋯⋯⋯⋯⋯⋯⋯⋯　080
二、我国西部地区智慧城市建设的典型案例⋯⋯⋯⋯⋯⋯⋯⋯　082
三、我国西部地区城市面临的主要灾害和影响⋯⋯⋯⋯⋯⋯⋯　086

本章小结⋯⋯⋯⋯⋯⋯⋯⋯⋯⋯⋯⋯⋯⋯⋯⋯⋯⋯⋯⋯⋯⋯⋯⋯⋯⋯　087

第七章　实证区域数据分析——我国西部地区城市安全韧性指标数据　088

第一节　我国西部地区城市安全韧性测评分析⋯⋯⋯⋯⋯⋯⋯⋯⋯⋯　088
一、数据来源及处理⋯⋯⋯⋯⋯⋯⋯⋯⋯⋯⋯⋯⋯⋯⋯⋯⋯⋯　088
二、指标权重的确定⋯⋯⋯⋯⋯⋯⋯⋯⋯⋯⋯⋯⋯⋯⋯⋯⋯⋯　106
三、西部地区城市安全韧性突变值计算⋯⋯⋯⋯⋯⋯⋯⋯⋯⋯　114
四、西部地区安全韧性城市评价等级划分⋯⋯⋯⋯⋯⋯⋯⋯⋯　118

第二节　我国西部地区城市安全韧性评价⋯⋯⋯⋯⋯⋯⋯⋯⋯⋯⋯⋯　120
本章小结⋯⋯⋯⋯⋯⋯⋯⋯⋯⋯⋯⋯⋯⋯⋯⋯⋯⋯⋯⋯⋯⋯⋯⋯⋯⋯　121

第八章　我国西部地区城市安全韧性评价时空演化分析　122

第一节　西部地区城市安全韧性空间分析 122
　　一、城市安全韧性空间分布 122
　　二、城市安全韧性空间相关性 124
第二节　西部地区安全韧性城市发展时间演化分析 133
本章小结 135

第九章　我国安全韧性城市建设中的措施　136

第一节　基于风险识别体系和韧性治理规划视角的措施 136
　　一、风险识别体系下的应对措施 136
　　二、韧性治理规划下的应对措施 138
第二节　基于安全韧性城市建设任务与目标视角的措施 139
　　一、不同建设规模下的应对措施 139
　　二、基于建设目标视角的应对措施 141
第三节　基于安全韧性城市协同治理视角的措施 144
　　一、优化安全韧性协同监督机制 144
　　二、加强多元协同联动 145
第四节　基于安全韧性城市制度体系视角的措施 146
本章小结 147

附录A　城市安全韧性评价指标体系调查表　148

附录B　城市安全韧性评价指标因子分析调查表　150

附录C　城市安全韧性评价指标相对重要性调查表　152

附录D　2017年、2019年、2021年西部各地区突变级数值　157

参考文献　188

重要术语　192

第一章

城市发展进程及灾害

第一节 城市发展进程及特征

一、城市发展

从城市的发展演变过程来看，越来越智慧化是城市发展的必然趋势，从智慧城市到新型智慧城市，城市在信息技术的加持下不断发展，并逐渐向着高质量、高标准目标迈进。从学会运用石器开始，一直到现如今使用各种科技水平先进的智能设备，人类社会随之不断变化，进而城市也在不断发展更替，见图 1-1 所示。

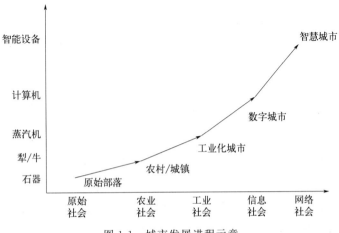

图 1-1 城市发展进程示意

1. 原始社会阶段

在人类起源的时期，原始人类并没有建设住所的概念，栖息地往往是山洞或者地穴。随着时间的推移，原始人类逐步开始学会使用石器，并且演化为群居，这时原始氏族公社便由此诞生。为了延续族群的生存，整个原始部落会不断迁徙，寻找适合生存的栖息地，这为后面城镇的诞生奠定了基础。

2. 农业社会阶段

距今5500年以前，随着人类文化的不断发展，贸易成为各文化联系的桥梁，政治文化和宗教文化推动了城市的诞生。然而这时在印度半岛、尼罗河畔、黄河流域以及美索不达米亚平原演变出来的人类文明正处于农耕时期，使用的大部分工具还是铁器和青铜器等，故此时大部分人类主要还是分布在村庄一带。这时城镇主要作为人类领地的标志物，故而其发展在很长时间都停滞不前。

3. 工业社会阶段

第一次工业革命首先发生在英国。英国资本主义为了实现更大规模的扩张，其涉及范围在16世纪逐步渗透到农村，故而那个时期的农村地区慢慢出现了羊毛织造工业的手工业作坊，大部分是分散的手工业。16世纪中期之后，随着无地农民数量的增加，手工业逐渐集中化。而后手工业的工厂在资本的加持下从几百人规模转变为上千人的大型作坊。直到第一次工业革命，这种生产模式和制度才逐渐被代替。同时，在第一次工业革命发生以后，城市的发展第一次有了现代化的定义，各个国家开始大力发展城市建设，中等城市和大型城市逐渐出现在人们视野[1]。18世纪中期，工业革命的出现有效加快了生产力的发展，这不但终结了效率不高、技术落后的传统手工业，还使大量农业人口因机械化而解放出来，作为劳动力转向工业化城市的建设中并一直持续。此时制造业和工业在城市发展中的地位逐渐超过了农业，同时各个地方之间的贸易因蒸汽机以及铁路交通的发明变得更为便捷、流畅，城市由政治中心慢慢转变成商业中心、经济中心和社会中心，全球城市化也进而步入全新的时代。

4. 信息社会阶段

信息技术在20世纪中末期随着科技的快速发展而不断更新交替，其在社会上的多方面运用对人类发展起着举足轻重的作用。信息技术在产业中的应用使三大传统产业实现转型和升级，伴着信息技术逐渐广泛应用于人类社会领域，数字化出现于人类视野中，城市也迈向数字化进程。数字城市目前主要应用于城市的发展建设、规划管理和社会服务中，包括城市规划管理信息系统、城市建设管理系统、城市综合管路信息系统、城市交通与城市治理网络系统等[2]。然而，从更广的意义上说，数字城市总体上使用信息技术来实现城市数字和信息的发展。此外，它还建成了一个虚拟网络空间，以加大城市各领域之间的联系，并通过地方政府、企业和社会团体实现城市管理的效率与可行性。

5. 网络社会阶段

近年来信息技术取得了新突破，物联网、新一代互联网、数字传感技术、云计算等新信息技术将为城市提供有形感知、虚拟传感等方面的直接互动和密切联系。人与人之间以及人与物之间的关联变得愈发真实透明，人类社会逐步被推向网络社会阶段，城市智慧化也开始被人广泛关注。网络社会阶段与其他阶段不同的是，城市运作和城市管理模式形成了新格局，城市发展迈向了智慧城市阶段，且直至今日也在不断发展。传感器网络技术的进步让城市拥有了从城市物理世界中实时获得信息和数据的"神经末梢"。通过云计算和其他技术，以大数据不断对城市深入分析发掘，可以帮助城市决策者、管理人员以及来自各个领域的参与者做出更为智能、合理、准确的决定，确保城市系统的决策能力水平和及时反馈效益得到很好的提升。从技术上讲，与数字城市相比，智慧城市更多地连接了现实世界和数字世界，以实时性和科学性实现了两个不同的媒介对空间信息的反馈互动，依靠人类的洞察力和预见力，实现了城市的科学发展。从经济和社会等角度看，智慧城市也有着更深的内涵。

二、中国城市发展

中国的城市从古至今已有悠久的历史，在夏朝之前就已诞生[3]。古代城市的功能主要为政治和军事，而农业则是城市发展的制约因素和主要动力，城市经济像手工加工业以及商业等一系列产业的作用较小[4]。而真正具有现代意义的中国城市以及城市化，则是在19世纪40年代起源，并伴随着工业化进程开始的。由于中国城市发展的起步与世界相比较晚，故而学术界对中国城市的发展研究基本以1949年为起点。总体而言，中国的城市发展一般划分为三个阶段：1949—1978年作为第一阶段，是城市低速发展的时期，城市化始终不高于20%；1979—1995年作为第二阶段，是城市稳定发展的时期；1995年到如今作为第三阶段，是城市快速发展的时期，见图1-2所示。

1. 城市低速发展时期（1949—1978年）：城市发展态势较为曲折

1949年后，中国城市的发展朝着工业化不断迈进，并且随着工业化的不断

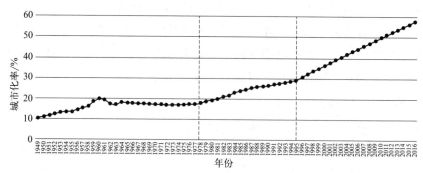

图 1-2　1949—2016 年中国城市化率[5]

推进，中国城市出现了较大发展。然而，在当时各个行业都处于起步阶段，首要任务就是稳定社会秩序，以城市为中心逐步恢复经济生产和发展。为彻底改善城市发展速度的问题，政府采取了对城乡间关系进行调整、城市由消费模式转为生产模式、优化国民经济运行等措施，进而推动中国城市发展。

在这一时期，城市发展的约束因素超过促进因素，城市发展并不顺利。首先，在 20 世纪 60～70 年代，工业经济与农村经济交汇较少，现代工业很少出现在中小城市，整个中国的城市发展并未有很好的效果。同时，不但农村非农产业出现限制，农产品商业化也受到很大影响，进而小城镇及农村的发展态势遭受约束，产业缺乏足够的基础支持，区域经济发展不断脱离与城市发展的联系，城市区域经济发展的效益和功能被弱化。

2. 城市稳定发展时期（1979—1995 年）：改革开放举措促进城市快速发展

20 世纪 80 年代初一直到 20 世纪末，我国在推动城市发展的政策中出现了新变化。一是鼓励农村群众就地改迁到小城镇去，准许农村人口到城市就业，释放农村人口向城市流动的约束；此外，加强全国城市人口间自由流动，放宽就业约束条件，绝大部分城市就业不受户口限制。二是通过解决中国农村劳动力严重过剩问题确立的以积极建设中小城市及小城镇为主的政策方针。但是由于大城市本身所具有的辐射和聚集功能远高于中小城市，所以大城市的发展水平和发展速度通通比中小城市以及小城镇高，尤其是虹吸效应极其明显的省会城市和直辖市。

随着社会的不断发展，中国的城市化率不断增加，城市水平进一步增强。根据以往全世界早期城市化建设的经验看，若其城市化率步入 30% 左右，那么这个国家的城市化发展就会步入新高度——从慢速发展的城市"1.0 阶段"进入到快速发展的城市"2.0 阶段"[6]。

3. 城市快速发展时期（1995年以来）：中国跃入"城市时代"

此时期，我国在加强推动城市改革的同时，也将城市发展建设放入国家战略中。智慧城市作为现代城市发展的一种城市形态，于2012年被我国推行，已经在信息技术推广、政务一体化创新和新兴产业发展等方面取得了一定成果。2016年，我国提出了新型智慧城市概念，为智慧城市增添了中国化表述[7]，这是中国城市建设的新尝试，并以绿色协调、以人为本的发展理念延续至今[8]。

中国城市在发展的过程中，不仅注重社会化和市场化的有机融合，还保证了国家在城市发展建设中的力量和带头作用，这与西方发达国家有着明显不同，为中国城市发展增添了坚实基础。

第二节 城市面临的灾害及影响

城市不仅仅是社会进步的产物，同时也为社会进步提供了根本动力。随着中国经济建设的高速发展，中国城市也迅速发展，这使得人口和财富在城市快速集聚。人类对城市的需求上升，想方设法扩展城市面积，为了维持城市的发展，人类将沿海滩涂、泥石流堆积扇和河流洪泛区作为城市进行建造。这样的行为不仅使得自然灾害向城市扩展，而且带来了严重的生态环境破坏。城市化的推进，一方面在一定程度上加剧了灾害的发生；另一方面城市应对灾害打击的能力参差不齐，使得城市可持续发展面临风险。

一、城市面临的灾害与成因

1. 城市灾害的内涵

当代对于灾害的定义十分广泛，《现代汉语词典》（第7版）中对灾害的解释为：自然现象和人类行为对人和动植物以及生存环境造成的一定规模的祸害，如旱、涝、虫、雹、地震、海啸、火山爆发、战争、瘟疫等。根据联合国国际减灾战略（UNISDR）[现为联合国减灾署（UNDRR）]提出的定义："灾害是一种严重的社会功能失调，它在大范围内造成人类、物质和环境损害，这种损害已经超出了社会依赖自己的资源所能承受的能力。"[9] 不同学科学者对于灾害的定义均有所不同，见表1-1所示。

表 1-1 不同学科学者对于灾害的定义

学科	灾害的定义
灾害社会学	灾害是一种社会性事件
自然科学	灾害是自然要素在其运动过程中发生的变异
灾害学	灾害是自然和社会原因造成的妨碍人生存与发展的灾难
灾害保障学	灾害是各种造成生命财产损失的自然现象和人类行为
人为灾害学	灾害是人失去控制违背灾害规律而造成的祸事

不同学科的学者对于灾害的定义虽然在表述上不尽相同，但其想要表示的核心是相同的：灾害是由于致灾因子与承灾体的相互作用，造成了承灾体（即人类社会系统）结构和功能的改变，使其产生了不利影响，并且这一改变在短期内难以修复。由此，城市灾害即可定义为在城市区域的、由各种自然和社会因素所造成的、阻碍社会和经济系统正常运转的事件。城市灾害包括自然因素和人为因素导致的危害性结果，也包括城市生活对非城市区域造成的破坏。随着城市经济发展和社会进步，当代城市人口、建筑和资源密度都越来越大，逐渐成长为巨大的承灾体，见图 1-3 所示。

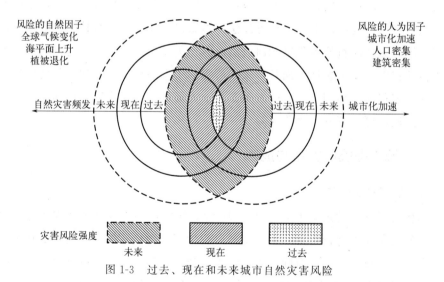

图 1-3 过去、现在和未来城市自然灾害风险

而城市系统是结构最复杂、资源最集中的区域。很多因素都会导致城市灾害影响范围的扩大。灾害影响范围的扩大一般表现为非线性关系，这种影响在灾害发生之前通常是隐蔽的，一旦发生就很难控制。社会因素对城市灾害的扩大作用主要体现在成灾过程中。在城市系统中，通过社会因素作用，一种灾害会不断扩

大和延续，呈现出多米诺效应，这将导致灾中救灾、前救后灾。城市的正常运行离不开水、电、交通、通信、排污、燃气等生命线系统，这种依靠人力建设的生命线系统与自然生态相比，具有较强脆弱性。此外，当代城市灾害不仅包括自然界巨灾，还包括人为因素导致的现代灾害，如环境污染、恐怖袭击、生化投毒等，危及公众生命财产安全，这些灾害阻碍社会进步和发展。

2. 城市灾害的成因

从地球系统科学来看，灾害孕育是一种具备规律性的发生过程。地球的水圈、岩石圈、生物圈、大气圈等系统时刻进行着物质交换，各个圈层的系统时刻进行着规律的运动，这种运动维持着地球系统的相对稳定，在稳定的情况下，地球得以正常行使功能。但自然界中物质能量的分布不是均匀的，这种不均匀分布会造成自然界运动加剧失衡、结构破坏，又在不断的能量交换中达到新的平衡。地球各个圈层的系统从失衡到重新平衡的运动中，可能对自然生态环境造成严重的破坏。如果该种破坏在短期内超过了自然界的修复能力，那么这种运动或变异就成为一种灾变。如果在这个过程中，造成了人类社会的财物损毁和人员伤亡，那么就发生了灾害。从自然变异-灾变-灾害过程来看，灾害包括自然属性和社会属性两个本质属性。

城市灾害分为气象灾害、水文灾害、地质灾害、生物灾害、环境灾害、技术灾害和人为灾害等。其中大气、水、岩土、生物致灾因子和部分环境致灾因子引发的灾害类型属广义的自然灾害。部分环境致灾因子、技术和人为行为失误致灾因子引发的灾害类型为广义的人为灾害。这样就将灾害按照环境系统的不同分为了自然灾害和人为灾害两类，这样的分类有利于分析致灾因子的形成环境即孕灾环境，见图1-4所示。自然灾害的致灾因子产生于地球系统的岩石圈、大气圈、水圈和生物圈，各个圈层的相互作用形成了地震、火山、台风、洪水、干旱、风雹和病虫害等自然灾害。人类与地球表层系统相互作用产生了环境污染、荒漠化、森林退化等地理环境灾害。人类与机器的相互作用系统产生了技术灾害，主要是各种意外事故、技术故障等。人类在社会系统中的活动不当或失误造成了社会动荡、经济衰退、恐怖袭击和战争等人为灾害[10]。

二、城市灾害的特征与影响

1. 城市灾害连锁效应

回顾20世纪人类社会发生的巨大灾害，城市中任何一次强度较大的灾害，都有可能引起多种次生灾害和衍生灾害。在通常情况下，各种灾害并非独立发

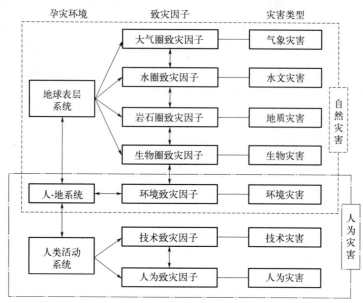

图1-4 城市灾害分类

生,而是在发生某一种自然灾害后,又会诱发一种甚至多种灾害,造成明显的城市灾害"连锁效应",甚至会形成复杂的灾害链和灾害群,重复多次地造成损害,使得灾害的影响力上升。现代城市的自然灾害不仅在功能上是相互关联的,而且在空间上也有很强的相关性。

在城市灾害中,灾害一旦发生,会影响城市系统的各种功能,从而造成不同程度的损失。如在城市基础设施中,如果灾害对城市生命线系统功能造成了破坏,使得城市交通通信不畅、供电与给水功能缺失,这将会极大威胁城市人民生活和社会经济系统的正常运转。由于城市的建筑密集,如果城市中大量建筑物倒塌,也会导致人员的伤亡和财产的损失,从而对城市及相关地区的社会秩序、人类生存等产生很大影响,形成灾害的"孤岛效应"。随着城市化的进程,人口和财富在城市中高度集聚,自然灾害和其产生的灾害链引发的损失增加,阻碍人类和社会经济发展。

2. 城市灾害人为效应

在城市发生自然灾害所造成的损失往往巨大,这是因为城市中自然灾害往往带有人为因素,城市中灾害的人为效应更为明显。在城市中,自然灾害产生后,常常会引发次生人为灾害。这种人为灾害反而会造成更为严重的生命和财产损失。随着城市的加快建设,城市人口密度不断上升,在高度现代化发展的城市中，自然灾害引发的损失将更为巨大。例如，在遭受突发冰雪、洪涝或风雹等自然灾害后，常会引发城市道路交通和火灾等人为技术灾害事故，给城市人民生活与社会经济发展造成严重影响。

城市自然灾害的人为效应不仅发生在自然灾害之后，还表现在城市发展进程中，人类的超标排污、过量开采地下水等不利于生态环境建设的行为，也会引发由于人为因素造成的灾害，如环境污染、暴雨积水、地面沉降和坍塌等城市灾害。特别是我国沿海城市，地处海、陆结合部，并且人口和经济要素密集，沿海城市承受着来自海陆二向灾害的双重侵扰，不同类型的自然致灾因素和人为致灾因素的相互影响和作用，使得沿海城市灾害风险上升。

3. 城市灾害放大效应

城市人口密集，经济发达，各类设施高度集中，一旦发生城市自然灾害，造成的损失更为严重，灾害放大效应明显，自然灾害已经成为建设安全、和谐城市的主要障碍之一。1976年7月28日，唐山大地震使整个城市顷刻之间成为一片废墟，与同年发生在川西北和云南的强烈地震相比，无论是人员伤亡，还是经济损失都要大得多。2010—2022年我国自然灾害造成的直接经济损失呈现较明显的波动趋势，见图1-5所示。总的来说，每年我国自然灾害造成的经济损失保持在2500亿元以上，甚至在2020年，我国由于发生自然灾害而造成的直接经济损失达3701.6亿元，同比上升了13.16%。但从受灾人口层面来看，2011—2022年我国自然灾害受灾人口和受灾死亡失踪人口均呈现波动下降趋势。2022年，

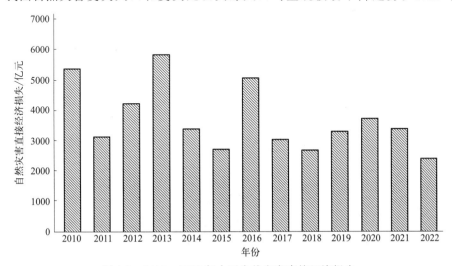

图1-5　2010—2022年中国自然灾害直接经济损失

资料来源：应急管理部

我国自然灾害以洪涝、干旱、风雹、地震和地质灾害为主，台风、低温冷冻和雪灾、沙尘暴、森林草原火灾和海洋灾害等也有不同程度发生。与近5年均值相比，因灾死亡失踪人数、倒塌房屋数量和直接经济损失分别下降30.8%、63.3%和25.3%。

城市一旦发生地震、风暴潮、洪涝、火灾、爆炸、环境污染、病虫害等各种自然或人为灾害，常常会造成人员伤亡和财产损失，严重影响着城市的可持续发展和社会稳定。

本章小结

全球城市发展主要包括原始社会、农业社会、工业社会、信息社会、网络社会等五个阶段。中国的城市发展从1949年以来经历了低速发展、稳定发展和快速发展三个时期，当前已经发展到智慧城市建设时期。随着城市发展进程加快，城市发展面临的安全问题逐渐显现。在防灾减灾方面，由于城市中人口、财富、建筑的高度集聚，自然灾害和其产生的灾害链引发的损失增加，影响城市安全和可持续发展，亟须建设更具安全性的城市。

智慧城市与安全韧性城市

第一节 智慧城市

一、智慧城市的起源

1. "智慧地球"

(1) "智慧地球"的提出

随着社会的迅速发展和科技的不断进步,人们越来越重视提升生活质量和提高社会发展效率,于是"智慧"一词就出现在人们视野中,什么叫"智慧"顺理成章地成了大家迫切想要了解的问题。2008年11月6日,IBM公司提出了"智慧地球"(smart earth)这一概念,它主要的内容是通过把传感器融入世界各个角落中,凡是与人类相关的事物都会涉及,同时将信息技术运用到社会各个行业中,使其普遍交织形成"物联网",然后把物联网和互联网融合,用超级计算机对其相关数据进行计算和呈现,进而让人类能够更为细致地管理生产及生活,使全球形成"智慧"的状态。

(2) "智慧地球"的概念

在以前,数字地球把网络技术、信息系统和遥感技术以及可持续发展等相关社会需求关联在一起,给信息全球化构建了一个基础框架。物联网则是运用红外感应器、射频识别(RFID)、GPS等数据传感装置将事物联系到互联网中进行通信,形成智能化识别、管理的一种新兴网络技术,并将其结合进而形成"智慧地球"。

(3)"智慧地球"的作用

在互联网浪潮后,"智慧地球"将掀起新一次科技革命。当前世界许多国家都在对本国的经济发展进行战略规划,以推动新能源、新网络技术、绿色经济等产业发展风向标,同时将会为社会产生更多的价值,譬如:经济的繁荣、更加效率的生活以及更多的市场需求和工作岗位。

(4)"智慧地球"的意义

① 加快新型IT技术的应用变革

"智慧地球"的提出将为全世界的IT产业寻出金融危机后全新的经济增长模式。"智慧地球"最终目的是实现地球上所有人和所有事物的高度智能化。然而若想实现这样宏伟的愿景,需有三种必不可缺的技术:获取海量信息数据、通过数学模型进行优化分析和完成高性能计算,可是这些技术都需要IT技术的贴切应用。而IT产业下一阶段的重要任务就是在城市各种基础设施上安放感应装置,相互连接形成"物联网",与互联网、人类社会和物理系统相整合,通过超级计算机对其各个主体进行实时的控制和管理,故而人类能以一种"智慧"的形式进行生产和生活管理,从而提高生产力水平和资源利用率。

② 促进政府网络电子政务平台构建

为了响应政府业务转型和观念转型,支持政府运行的IT系统由隔离、分散状态转为共享化、集成化,通过稳定的IT运行环境支撑政府。为与政府配合工作,IBM建立了以SOA(即面向服务的架构,Service Oriented Architecture)为背景的区域政府电子政务平台架构。SOA是一种关于软件系统架构的方法,通过将业务组件分解成基础的构建模块,即通过标准化的软件接口完成IT基础设施模块化。

③ 激发世界格局转变的潜力

"智慧地球"具有的特征如下:一是更为透彻的感知,主要概括为能够充分运用任何可以及时测量、感知、传递和捕获信息的设备或系统;二是更加全面的相互联通,即指智慧的系统能够按照新方式进行协同工作;三则是更深入的全球智能化,即以先进的技术更智能地洞悉世界,进而开创新价值。故此,"智慧地球"拥有着改变世界一切的潜力[11]。

2. 智慧的城市

作为智慧地球组成部分的重要一环,智慧的城市能够推进物联网产业的建设发展,能够带来城市发展新模式,达到一种全新的格局。故而,智慧的城市这一概念经世不久便在世界各国引起惊涛骇浪,全球各地纷纷把建设智慧城市当作扩大就业、应对金融危机以及占据未来科技领先点的关键战略。

在国外，美国的硅谷和加拿大的渥太华等城市，以智慧的城市形成发达的商业环境和高新技术来推动社会发展。欧洲城市例如斯德哥尔摩、阿姆斯特丹、赫尔辛基、哥本哈根、维也纳等，则以智慧的城市来为市民带来舒适的学习环境和工作平台，进而推动可持续性发展和社会的包容发展。在亚洲，韩国以智慧的城市给民众带来便捷的公共服务，同时加强了社会经济的发展。日本的部分城市则通过智慧的城市达到绿色信息技术的普及，优化道路交通和改善生活环境等。

智慧城市的概念很好地匹配了我国国情，能够凭借智慧城市的建设发展缓解相关城市发展难题。在我国政府和企业界的多方面推动下，我们在各经济社会领域对智慧的城市进行了系列项目建设。

二、智慧城市的概念及特点

1. 智慧城市的概念

智慧城市是将探寻全面的社会、经济、环境可持续发展当作基本路径，以人类文明及IT信息技术相耦合为重要策略，将新兴的IT信息技术作为基础，以彻底整合城市资源，推动城市的创新协调发展，进而推进城市发展运作的全面优化以及城市核心资源的优化配置的城市[12]。

智慧城市作为智慧地球的具体表现形式，既是城市信息化发展的必然产物，同时又是数字城市建设的发展延续，它为发展城市提供了新思路，为观测城市提供了新角度。智慧城市作为物联网其中的关键要素，将智慧技术、智慧生活等界定成核心内容，进而构建出城市发展的新形态和新模式[13]。

2. 智慧城市的内涵

学界普遍将智慧城市的内涵界定为以下三点：

(1) 新兴的信息技术是实现智慧城市发展的基础。智慧城市在受到各国高度关注以及成为城市发展模式的背后，与信息技术是紧密相连的。计算机、微电子以及网络通信等信息技术的创新，让智慧城市建设与发展成功实现了由计算到处理、由感知到联通，最后达成智能。信息技术到了智能融合的新篇章，为发展城市智能化添入新机会。

(2) 智慧城市建设的总目标是将社会、经济、生态有机融合，实现可持续发展。信息技术最重要的是将其信息网络融入城市整体发展中，实现城市经济、社会、政治、文化的交汇，相对而言，它的先进性和创造性就显得不太重要。因为各个国家、各个城市的发展路径和发展阶段大不相同，智慧城市的建设与发展应当更多考虑到城市发展问题上,针对其特色和重要领域,将城市建设成经济、环境、社会全面发展,人类安居乐业的居所。

(3) 智慧城市建设和发展将城市原本的运作方式进行系统性创新,这不仅是一种突破,而且还给整个城市的管理、运行模式带来了变革。作为一个复杂的系统,城市的正常运转需要多方面协调配合来实现,单凭简单的某个或者某几个方面的升级并不能完成创新。那么,将城市变得"智慧"就不仅需要先进的信息网络技术和智慧的人类,还需要城市经济、社会等方面的可持续发展,以及具有系统性的城市创新。智慧城市的创新将需从系统架构出发,把信息技术和人类相结合,推进城市发展的创新性和智慧性,打造成智慧城市。

3. 智慧城市的作用

智慧城市的作用是让城市发展模式增加更有智慧的动力。将最新的信息技术运用到不同领域,并不断打造知识、技术密集型产业取代或优化劳动力密集型产业,转变经济增长的方式,提升经济信息化发展,使经济发展不断向"智慧"迈进。

(1) 收集潜在信息资源

城市安全与发展的根基是具有智慧型和人性化的城市服务。随着人口的迅速增长,城市安全的监管难度日益增大,食品问题、医疗问题、环境问题、卫生问题以及教育和就业问题层出不穷。为实现对高消耗、高污染企业的进一步监管,智慧城市通过强化信息资源和改良预警与检测手段,进而削弱经济发展给环境带来的影响,尽可能使经济发展与生态环境协同共进。

(2) 优化城市居民居住环境

通过对水资源的智能化管理,实现对水污染或水短缺等突发事件的迅速响应以及对城市用水状况的实时监控,在保证合理调配的同时让淡水资源得到合理及充分的运用。减少对水资源、石油资源、天然气资源和电力资源等能源的无节制使用,通过合理调配实现资源均衡分配,以更宜居的城市为目标打造一个环境优良、资源合理使用、发展可持续的社会。

(3) 提升公共服务部门的行政手段和决策能力

建立一个和谐社会需要依靠公共服务部门的决策能力和行政手段,往往智慧城市带来的具有智慧化的城市服务体系能够有效推进城市医疗、交通、安全等多方面民生问题的解决,使城市居民能够最大限度地体验与享受城市化和信息化成果。同时能够提升城市居民的幸福感,将智慧城市建设发展的成效最大程度展现于大众[14]。

4. 智慧城市的特征

智慧城市的基本特征主要由四大方面体现,包括:深透感知、深度融合、相互联通和创新应用[8]。

(1) 深透感知

在城市的每个地方都设置智能传感器,第一时间获取并传递相关信息,进而实现对城市的全方面综合感知。并以这些收集到的各种信息作为基础,进行深透分析,实现城市长期的规划与管理信息支持。

(2) 深度融合

通过把互联网、广播电视网和电信网相互结合,在云计算平台的背景下,将复杂的异构数据与物联网、互联网融合并集成,获得整合度高的城市信息基础设施。

(3) 相互联通

通过搭建不同社会个体之间沟通合作的社会网络和内部组织关系,将信息网络技术作为基础,使个人电子产品、组织信息平台以及政府信息系统中的数据内容进行相互连接与共享,达到个人、组织与政府之间的联通和协作。

(4) 创新应用

创新以分析挖掘数据信息为基础,通过较低成本以及较高效率给人们带来各种智能化服务,它需要有发达的城市信息基础设施,建立出新的体系结构和新的服务模式,并让个人、组织、社会得到更为广泛的联系与交流,开创出具有创新性的科技应用,给城市建设、经济发展、社会有序以及文化延续带来长期的动力。

智慧城市四大基本特征中的深透感知、深度融合、相互联通主要通过在信息网络技术层面搭建智能化应用系统及其统一公共信息平台,将城市智能化充分体现在城市各个角落,显示出人工智能与信息技术在城市中的深入运用。而为了提高城市管理与服务水平、夯实政府管理职能、提供给各层单位更加专业的服务、改善居民的生活品质、加强城市创新力度,创新应用在深透感知、深度融合和相互联通的背景下,充分体现人的主观能动性。进而可以发现,创新应用是最为重要的智慧城市特征,它蕴涵了智慧城市中"智慧"的根本。因此深透感知作为物联网的基础,是深度融合得到高整合度信息基础设施的需要,而相互联通则需深透感知和深度融合相结合形成个人、组织及政府之间的联通协作,同时,创新应用需借助三者所构建的城市公共信息平台来实现各种智能化服务。因此,智慧城市中,深透感知、深度融合、相互联通、创新应用是循序渐进的关系。

5. 政策分析

截至2022年9月，我国推行并实施了一定数量的政策来助力智慧城市和新型智慧城市的建设发展，见表2-1。无论是2012年国家对智慧城市的相关政策导向还是2016年国家正式推进新型智慧城市的发展，都说明我国对城市现代化建设格外重视。新型智慧城市能够进一步满足居民对生活环境的需求，以一种充满科技创新的形式提高公众的幸福度和满足感，并促进城市生活的高效与便捷[15]。

表2-1 我国智慧城市相关政策

时间	核心政策	发布部门
2012.11	《关于开展国家智慧城市试点工作的通知》	住房和城乡建设部办公厅
2012.12	《关于开展智慧城市时空信息云平台建设试点工作的通知》	国家测绘地理信息局
2013.1	《关于做好国家智慧城市试点工作的通知》	住房和城乡建设部办公厅
2014.8	《关于印发促进智慧城市健康发展的指导意见的通知》	国家发展和改革委员会、工业和信息化部、科学技术部等八部门
2015.1	《关于开展智慧城市标准体系和评价指标体系建设及应用实施的指导意见》	国家标准委、中央网信办、国家发展改革委
2015.5	《关于推进数字城市向智慧城市转型升级有关工作的通知》	国家测绘地理信息局
2016.11	《关于组织开展新型智慧城市评价工作务实推动新型智慧城市健康快速发展的通知》	国家发展改革委办公厅、中央网信办、国家标准委
2017.9	关于印发《智慧城市时空大数据与云平台建设技术大纲》(2017版)的通知	国家测绘地理信息局
2017.11	《关于加快推进智慧城市时空大数据与云平台建设试点工作的通知》	国家测绘地理信息局
2018.6	《智慧城市顶层设计指南》	国家市场监督管理总局等
2019.3	《2019年新型城镇化建设重点任务》	国家发展改革委
2020.11	实施城市更新行动	十九届五中全会
2022.1	《"十四五"数字经济发展规划》	国务院
2022.3	《2022年新型城镇化和城乡融合发展重点任务》	国家发展改革委

三、新型智慧城市

1. 新型智慧城市的概念

作为一个与智慧城市类型相似的界定,新型智慧城市与智慧城市也存在不大相同的概念及内涵,以目前学术界的共识,新型智慧城市可包括技术视角、系统视角和成效视角。技术视角主要体现在信息技术在新型智慧城市中的底层基础作用;系统视角则体现于新型智慧城市在城市发展建设中的功能性作用;而成效视角,体现在新型智慧城市建设发展的系统性及综合性上。新型智慧城市是把现代信息技术完全运用到城市管理与发展中,以城市创新作为动力,满足居民各种需要的新型城市形态。

2. 新型智慧城市的内涵

新型智慧城市的发展建设展现了城市发展的终极目的——人类的生存和发展,城市建设已逐渐从以"技术"为中心转向以"人"为本的最终目标。同时,和智慧城市相比,新型智慧城市更多强调信息共享、网络安全、数据利用、效率提升和人与自然和谐共生等方面,故而新型智慧城市比智慧城市更加人性化[16]。传统智慧城市和新型智慧城市的区别见表 2-2 所示。

表 2-2 传统智慧城市和新型智慧城市的区别

区别	传统智慧城市	新型智慧城市
社会背景	2009 年智慧城市理念提出,2010 年逐步开始建设智慧城市	2016 年新型智慧城市理论提出,增加智慧城市的同时推进新型智慧城市试点
实质内涵	智慧城市逐步构建,完成由数字中国向智慧中国的过渡	基于智慧技术,高于智慧技术,以人为本,改革创新。提升政府、社会治理体系和治理能力
发展目标	以大数据、云计算、区块链、人工智能、3G/4G 为目标取代数字电子与网络技术	基于新兴高科技,打破传统智慧城市的信息壁垒,建立信息化共建共享理论。城市信息安全构建和保障
技术支撑	基础网络感知、互联网、物联网、3G/4G、云计算、人工智能、ICT(地理信息技术)等	5G、云计算、大数据、物联网、人工智能、ICT 技术进一步升级与新型城镇化发展深度融合
政府治理模式	服务型政府转型	服务型政府、数据开放治理
建设规模	7000 亿元	到 2020 年达 4 万亿元
评价指标	智慧城市指标体系1.0	智慧城市指标体系2.0,强调以人为本的市民体验,占评价指标总比的33%

续表

区别	传统智慧城市	新型智慧城市
实践结果	智慧城市初步建成,出现信息孤岛、信息壁垒、基础设施重复建设、政府财政压力大、重技术新应用、各领域协同能力弱等问题,政府治理模式处于过渡期	政府创新发展模式与城市治理现状相匹配,解决信息共建共享,统一建设目标、体系架构,智慧产业经济快速增长。各领域指挥协同提高。新兴技术快速发展。上海、深圳达到国际智慧城市水平

3. 新型智慧城市的基本特征

新型智慧城市不但是"创新、协调、绿色、开放、共享"的新发展理念的重要体现,而且还是城市综合发展的全新形态。

（1）创新变革

作为新型智慧城市建设和发展的重要推动力,创新能够丰富居民日益增长的需求内容,提升柔性化治理城市以及城市精细化服务。与智慧城市不同的是,过去智慧城市的建设发展往往注重的是技术创新,而现在新型智慧城市的建设更多是体制创新,以更为有效的方式加速城市智慧化。

（2）以人为本

新型智慧城市建设将以人为本放在最重要的位置之一,政策落实、建设规划和标准制定等充分把居民的需求考虑进去,为实现居民全面发展融入新技术应用和智慧城市发展,以更好地展现新型智慧城市价值。

（3）绿色发展

为贯彻绿色发展,新型智慧城市不断尽力构建可持续城市绿色发展体系,培养绿色创新人才;通过绿色科技优化城市管理、城市节能和城市产业结构等方面;时刻监管城市工厂及汽车耗能情况,保证城市环境的监控管理;以及推动低碳环保与全世界共行。

（4）万象互联

城市的各个要素之间协同运作、有机融合,城市系统才能发挥出最好的功效。为实现这一目标,物联网、互联网作为新兴信息技术,将城市各子要素相互连接、互通信息,通过信息网络将城市的万象汇集连接,并以数字化体现,完成城市的高效运作。

（5）资源共享

城市资源往往因为各种原因导致利用效率不高,为保证充分提高城市资源利用率,新型智慧城市凭借安全稳定的网络信息,通过城市信息网、大数据中心的建立，以及城市各种数据的共享、收集，发挥大数据在民生服务、政策导向、经济发展等方面的作用。借助智慧的手段分配资源，提高城市治理成效。

第二节 韧性理念

城市处于自然与人共生的环境下，各种自然或人为活动都存在着影响和扰动城市系统的风险。而城市作为人口、经济、文化的高度聚集区，由于快速的城市化和工业化发展，各种风险因素交织叠加，严重影响着城市安全发展和可持续化发展。在党的二十大报告中，习近平总书记指出要打造宜居、韧性、智慧城市。这是以习近平同志为核心的党中央深刻把握城市发展规律，对新时代新阶段城市工作作出的重大战略部署。打造韧性的城市，是应对当前城市发展问题的重要手段，由于韧性概念本身的复杂性，不同学科领域对韧性的定义有所不同。

一、韧性概念

1. 韧性的定义

随着韧性理论的不断发展，韧性概念可以划分为一般韧性和特指韧性两类。具体来讲，一般韧性与特指韧性的区别在于系统能够吸收和应对的冲击类型不同，一般韧性是指系统能够应对任何类型的冲击，而特指韧性则是指系统能够应对特定的冲击。城市安全韧性这一概念属于特指韧性[17]。

不同的组织和学者分别从不同的角度对韧性理念进行了探讨。美国国家科学院将韧性定义为"准备和计划、吸收、恢复和更成功地适应不利事件的能力"[18]。国际气候变化委员会将韧性描述为"社会、经济和环境等系统应对危险事件或干扰的能力"，即将一个系统或其组成部分能够预测、吸收、适应灾害事件或从灾害事件中恢复的能力叫作韧性，该功能实现的前提包括维持、恢复或改进系统基本结构和功能的能力[19]。美国阿贡国家实验室联合研讨会上将韧性定义为"系统以及其子系统所具备的预测、抵制、吸收、应对、适应干扰的能力，使之得以功能恢复"[20]。学界对于韧性定义的共同之处在于，以系统或其子系统作为主体，强调该主体在面对外界干扰时所产生的变化，以及在遭受破坏时生存和发展的能力。并且该主体需要具备基本功能以及学习能力，可以更好地应对未来的变化和干扰。对当前对韧性的研究进行总结，韧性概念主要强调以下几个方面：

① 系统具备适应外界干扰的能力；

② 系统自身具备对于灾害的响应能力;

③ 系统具备遭受破坏后的恢复能力;

④ 系统具备一定的稳定性,其内部结构和功能在遭受扰动时,能够维持关键功能和结构不被破坏。

2. 韧性的基本属性

学者对韧性的内涵、发展、定义等问题进行了研究,一般认为韧性具备即4R属性[21](见图2-1),包括坚固性(robustness)、冗余性(redundancy)、快速性(rapidity)、多样性(resourcefulness)。系统的坚固性与快速性被称为表现韧性,冗余性与多样性被称为准备韧性。具体来看,坚固性是指在系统及其要素不被破坏或丧失功能的条件下,所能承受和吸收的扰动强度;冗余性指系统及其要素能够在受到破坏时,存在替代,能够满足功能需要的程度;快速性是指为了避免混乱和减少损失,系统能够及时完成优先级任务并达到目标的能力;多样性是指当系统或其要素受到威胁和干扰时,能够识别问题、建立优先级和调动资源的能力。此外,其他的研究中也提到了创新性(innovation)、有效性(efficiency)、自主性(autonomy)、连通性(connectivity)等属性[22]。

图 2-1　城市韧性的 4R 属性

二、韧性理念的发展过程

韧性理念随着时代的发展,逐渐应用于不同学科中,使得韧性理念在自然科学和社会科学领域中不断演变。到今天,韧性理念的内涵经历了从"工程韧性"到"生态韧性"再到"社会-生态韧性(演化韧性)"的认知转变。

1. 工程韧性

最早的韧性理念由亚历山大提出,从语源学的角度分析,韧性(resilience)一词最早来源于拉丁语"resilio",其本意是"恢复到原始状态"。这个阶段提出的韧性概念被称为"工程韧性",即是指在外力作用下,物体发生形变后恢复到原始状态的能力。在工程领域,韧性的概念、定义和理论简洁直观。"工程韧性"描述了一种在系统中既有存在的、系统恢复至初始的平衡状态的能力,并且这种平衡状态被看作是静态的、不变的,如果系统在受到冲击后,处于任何其他状态，都应当采取措施恢复初始的平衡状态。总结来讲，"工程韧性"将韧性定义为系统受到干扰偏离既定平衡状态后，又恢复到初始平衡状态的速度。这种"工程韧性"的强弱取决于系统受到冲击后的恢复时间和恢复速度，恢复时间短、恢复速度快的系统韧性更强。

"工程韧性"强调的内涵是物理系统的稳定性，在工程技术领域，这种平衡态具备唯一性。例如把工程、材料、网络等当成具有单一稳定性的系统来看，韧性的特征可由恢复力来确定，即受到扰动胁迫后系统功能性恢复至原始平衡态越快，意味着该系统越有韧性[23]。对于楼房建筑、道路交通、水利枢纽等重要的工程基础设施，韧性是重要的设计和建设目标，不仅关系到居民的生命财产安全，甚至是国土和国家安全体系的重要组成部分[24]。用于材料科学和冶金学等领域，韧性的概念表示材料在塑性变形和断裂过程中吸收能量的能力，一般采用韧性模量（Modulus）来评价[25]。在计算机网络方面，韧性概念指的是面对自然灾害或外部攻击等正常运行可能存在的挑战和风险，网络系统提供和维持稳定服务的能力[26]。

2. 生态韧性

1973年，加拿大生态学家 Holling 首次将韧性应用于生态学学科[27]，他认为生态系统是一种具有多重稳定状态的动态系统，这种"生态韧性"的理念颠覆了传统生态学中认为生态系统中仅存在单一平衡状态的观点。在生态学传统文献中，生态韧性的概念常被用于描述自然系统面对外部自然要素和人为因素的变化中所具有的持久性或可塑性，它包括两种定义[28]。第一种定义着重强调生态系统在邻近特定平衡状态时的稳定性（stability），这种稳定性的量化特征是该系统从应对扰动的抵抗力和恢复至原平衡态的速度。第二种定义强调的是生态系统存在的不稳定性（instability），重点衡量触发系统远离一种状态跃入另一种状态所需要的条件，该种条件的量化特征为引发系统平衡态突变所遭受的扰动幅度。生态学中的韧性研究体系包括系统从平衡态到失去恢复能力的幅度（latitude）、系统受外力扰动保持平衡态的抵抗能力（resistance）、系统当前状态接近崩溃临界值的程度（precariousness）和受干扰系统内部组分层级的关联性（panarchy）等4个方面[29]。

与工程韧性不同，生态韧性中系统在经历过干扰与破坏后，通过抵抗、吸收、修复、提升、学习等一系列过程，达到新的平衡，这种平衡并非一定恢复到原有状态，而是动态平衡状态。生态韧性更加强调系统的可持续发展的能力，即系统在维持自身的结构和功能的前提下，能够承受扰动及自我修复的能力。

3. 社会-生态韧性

随着生态韧性的演化发展，韧性理念随着城市进一步扩展为人类-环境耦合系统的分析，逐渐发展为整合社会学与生态学的社会-生态韧性（social-ecological resilience），也被称演化韧性（revolutionary resilience）。在演化韧性概念下，韧性理念被融入了社会、管理、经济等学科，韧性理念的研究也逐渐扩展至社会领域中。在这样的研究框架下，沃克等人提出，韧性不应该仅仅是系统恢复至初始状态，而是复杂的社会生态系统为回应压力和限制条件而激发的一种变化（change）、适应（adapt）和改变（transform）的能力[30]。

社会-生态韧性描述了系统适应和应对变化的动态能力，摒弃了之前的韧性概念中对平衡状态的追求，将平衡状态看作系统为了维持稳定性、保持特定功能的一种状态，这种状态要求系统内部结构可以随着外界变化处于动态调整中。这就将韧性进一步定义为了，复杂的社会生态系统及其子系统应对干扰、冲击的变化、适应和转换能力。这种韧性定义跳脱了系统应对变化这一框架，将发展的眼光着落于系统，关注系统本身的长期动态演化与发展能力，更加适合用来研究城市所具备的相关韧性。表 2-3 所示为三种不同城市韧性观点的总结比较。

表 2-3　三种不同城市韧性观点的总结比较

韧性观点	平衡状态	本质目标	理论支撑	系统特征	韧性定义
工程韧性	单一稳态	恢复初始稳态	工程思维	有序的，线性的	韧性是系统受到扰动偏离既定稳态后，恢复到初始状态的速度
生态韧性	两个或多个稳态	塑造新的稳态，强调缓冲能力	生态学思维	复杂的，非线性的	韧性是系统改变自身结构之前所能够吸收的扰动的量级
演化韧性	抛弃了对平衡状态的追求	持续不断地适应，强调学习力和创新性	系统论思维，适应性循环和跨尺度的动态交流效应	混沌的	韧性是和持续不断的调整能力紧密相关的一种动态系统属性

第三节　安全韧性城市

随着城镇化进程加快，城市这个开放的复杂巨系统面临的不确定性要素和未知风险也在不断增加。当前城市发展面临着各种风险，呈现出在各种突发的自然和人为灾害下的城市脆弱性，城市安全问题已经逐渐演化为制约城市生存和可持续发展的瓶颈问题。自党的十八大以来，党和国家高度重视国家安全问题，将公共安全建设放在更加突出的位置，树立国家安全观。城市安全韧性作为国际上解决城市安全问题的先进理念在国内也在逐步推广和应用。综合国内外对于韧性理念的研究，安全韧性城市侧重城市系统在应对内外风险和扰动的持续化能力，以及应对城市安全风险的能力。安全韧性体现出城市系统的动态发展能力，在时间和空间上都具备复杂性，需要更广泛、综合、灵活地分析。

一、韧性城市的概念

1. 韧性城市的研究历程

"韧性城市"议题首次被提出是在 2002 年，在联合国可持续发展全球峰会上，宜可城-地方可持续发展协会（ICLEI）提出要在城市防灾领域中加强安全韧性研究。早期的城市韧性主要通过建立应对措施提升相关设施的韧性，在 2005 年的第二次世界减灾大会上，通过了《2005—2015 年兵库行动纲领：加强国家和社区的抗灾能力》，提出要"加强国家和社区抗灾能力"，以减少国家和社区所面临的灾害风险。随着社会的发展，城市发展中逐渐考虑到人文层面，在 2013 年美国洛克菲勒基金会启动"全球韧性 100 城计划"，提出通过建设城市的环境、经济、社会等方面来应对城市发展中的不确定风险，增强韧性[31]；在 2015 年"联合国可持续发展目标"中，提出建设更具安全性、包容性和韧性的城市和社区；在 2016 年第三届联合国住房与可持续城市发展大会上，发布了《新城市议程》报告，其中将"城市的生态与韧性"作为新城市议程的倡导之一，旨在增强城市应对自然灾害和人为灾害的应变能力。在国内，2020 年颁布的《中共中央关于制定国民经济和社会发展第十四个五年规划和二〇三五年远景目标的建议》中首次提到建设韧性城市，提高城市治理水平，加强特大城市治理中的风险防控。在 2022 年党的二十大报告中，习近平总书记再次强调了要打造宜居、韧性、智慧城市。

当前，韧性理念已经被广泛应用于城市应对气候变化风险和灾害风险管理等领域。国际上一些代表性组织也发布了相应的韧性建设方案，如韧性联盟、联合国人居署、洛克菲勒基金会等国际组织，并在代表性的城市中进行了实践，为建设韧性城市积累了新经验。

2. 韧性城市的特征

韧性城市可以简单理解为更具韧性的城市。不同学者对韧性城市的特征有着不同的探究，下面简单介绍韧性城市具备的特征。

从城市这个复杂巨系统的研究对象出发，城市内部具有自然资源、经济、社会、文化、制度等子系统，每个子系统之间有所影响，各个子系统的相互配合保障了城市巨系统的稳定性。从城市系统论的角度来看，韧性城市所具备的韧性可以划分为城市生态韧性、城市社会韧性、城市经济韧性、城市文化韧性以及城市基础设施韧性。韧性城市的发展，必然受到城市各子系统的影响；城市韧性的强弱，也受到各子系统韧性强弱以及子系统间耦合协调程度的影响。由于城市系统的开放性，城市中的人、物、子系统共同构成城市的巨系统[32]，当系统受到冲击，城市中的人、物、子系统同时面临风险。随着智慧城市的建设发展，借助大数据、云计算、物联网等新型现代技术，能够进一步提升城市中物的稳定性，保障城市的运行安全。

从韧性城市的发展目标来看，建设韧性城市被视为提升城市防灾减灾能力、保障城市安全、促进城市可持续发展的重要手段。为了保障城市复杂巨系统的韧性，联合国人居署从功能（例如市政创收）、组织结构（例如治理、领导）、物理（例如基础设施）、空间（例如城市规划与设计）的角度来理解韧性城市[33]。此外还考虑到通过人文建设和科普教育提升城市市民的灾害应对能力，建设保障韧性城市的灾害恢复能力，从而减少灾害对城市带来的损失，提升城市的抗灾能力。

从韧性城市应对灾害的表现来看，具备韧性的城市应该具备良好的灾害应对能力和灾后的恢复能力，具体来看包括稳健性、应变力、恢复力、适应性四个特征[34]。第一，稳健性是指城市在受到灾害时，能够保持城市系统的运行或者保持城市稳定的能力。城市中各个子系统均应具备足够的稳健性，并且经常性受到冲击的系统应当设计备用或者冗余系统，用于在常用系统被破坏时代替承担，保障城市的稳定运行。此外还应加强对城市基础设施系统中关键系统的投资、建设和维护，以便城市基础设施能够承受那些不常见的巨型灾害。第二，应变力是指城市在受到灾害时，能够巧妙地管理灾害的能力。在灾害来临时，城市系统能够采取措施来控制损害并减轻损害，再将决策传达给将实施这些决策的人员。该种能力主要取决于城市运行系统的科学性，关键是人，而不是技术。第三，恢复力是指城市在灾害发生后尽快恢复正常的能力。城市受到的灾害损失有大有小，区别损害程度、起草应急预案、开展救援行动、合理调配救援物资和人员是城市恢复力的体现。第四，适应性是指城市从灾害中学习或者吸取教训的能力。韧性城市应当具备在一次次经历灾害后，提升城市韧性的能力。城市的适应性涉及修订应对灾害的计划、程序以及通过新型的科学技术手段和工具来提升城市对于灾害的应对能力、承载能力和恢复能力。美国国家基础设施咨询委员会（National Infrastructure Advisory Council，NIAC）研究组将稳健性、应变力、恢复力、适应性四个特征按照灾害发生的前期、中期、后期进行归因，见图2-2，认为韧性城市在灾害发生的前期，主要体现其稳健性；灾害发生的中期应体现其应变力；灾害发生的后期应体现其恢复力，采取恢复性的手段和措施；韧性城市的适应性则贯穿灾害发生的前期、中期、后期[35]。

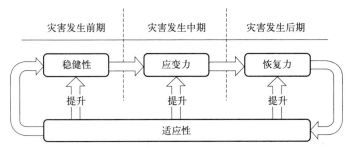

图 2-2 NIAC 韧性结构示意

二、安全韧性城市的内涵

1. 城市安全韧性的特征

随着城市的加速发展，城市面临的安全风险上升，城市作为一个复杂巨系统，城市中各系统相互作用，城市的安全韧性可以被认为是城市在受到冲击时，城市系统能够维持其基本功能正常运行的能力。城市安全韧性的主要特征与韧性系统的特征有一定的相似性，城市安全韧性通常具备以下特征：

第一，抗扰性，是指系统及其要素在承受冲击时，能够维持系统功能正常运行的能力。城市系统的安全韧性，强调在灾害发生时，城市系统能够维持系统内部的相对完整，使得城市维持正常功能，关键性的功能不受损坏的能力。

第二，冗余性，是指系统的组成要素可被取代的程度，当系统受到冲击使得一些系统功能失效时，系统整体能够通过额外补给实现系统功能的相对稳定。对城市而言，当城市设施受到破坏性损害时，城市系统中具备部分关键功能的备用设施能够承担相应的功能，避免城市系统的功能中断，保障城市系统的顺利运行，减少扰动带来的损害。

第三，效率性，是指系统在面临安全风险时能够在尽量短的时间内，有效率地完成优先事项以控制灾害发生带来的损失。对于城市系统的效率性，在面临安全事件时，城市中的指挥系统能够迅速反应，能够在第一时间实现预警、指挥调度,在事件发生初期就及时采取措施控制后果。

第四,多样性,是指系统内部各个子系统对于同一冲击的多样性响应。对于城市系统,由于城市系统的复杂性,其子系统有很多,从城市要素构成角度看,具有经济系统、生态系统、政治系统等子系统,各个子系统对于外部冲击的响应是多样的,通过响应的复杂过程,城市系统又能够恢复到平衡状态。

第五,自组织性,该特征强调的是系统通过系统内部的自组织,来应对风险的能力。对于城市系统而言,城市中的自组织性由人实现,人为组织的各种干预措施,能够使得城市各项功能尽快恢复,这种自组织的干预包括了组织管理、沟通与协作等等。

第六,学习性,是指系统具备在预料到外部会发生冲击时,系统能够应对该冲击的能力,具体包括了确定优先事项和得到多途径解决措施的能力。对于城市系统,其学习性是指城市能够有效利用城市内部的各种资源,以及在应对冲击的过程中,发挥城市的学习功能,为应对下一次的冲击进行改进建设,提高城市系统应对不确定性冲击的反应灵活度。

第七,智慧性,智慧性指的是系统能够优化系统的应对冲击能力,通过智慧性优化能力,适应外部冲击的能力。对于城市系统,智慧性可以体现为城市系统能够优化城市安全应急管理制度,积累应对经验,通过收集、汇总、反馈及存储等方式,进行经验分析,优化城市系统,能够更好地应对下一次的安全事件。

2. 安全韧性城市的组成要素

城市是人类生存的基本单元,其中含有多种要素,根据 BRUNEAU 学者对城市组成要素的定义,城市组成要素包含从自然因子到社会因子、从制度设计到公众行为、从组织效能到工程能力等多种有形和无形要素[36]。城市中的各种要素又可以按照工程、社会、经济和组织四个维度进行划分,结合安全韧性城市的特征引入系统论理念,城市的安全韧性可以视作当城市面临安全事件时,各子系统在不同维度维持稳定功能、应对冲击和适应各种危机的能力。下面将具体对安全韧性中四个维度进行具体解读。

工程维度,是指城市生存和发展所必须具备的工程性物质保障,如城市道路、通信工程、给排水工程等基础设施。工程维度也可以被称为基础设施维度。工程韧性是城市安全韧性中的有形要素,当外界发生扰动时,城市基础设施的自身抗扰动能力和城市基础设施之间的相互作用,能够减轻扰动对于城市的损害,降低城市灾害连锁效应,减少发生次生灾害的可能性。

社会维度,主要分为两个层面,一个是政府机构;另一个是社会公众与非政府组织机构。社会维度层面上的韧性，主要体现的是人对城市韧性的影响，社会韧性主要为城市安全韧性提供非物质性的支撑。如在灾中和灾后，政府、社会公众和非政府组织机构的积极应对，能减少灾害造成的负面影响。

经济维度，社会经济发展对城市安全韧性建设具有重要影响，城市经济发展状态和经济能力，将直接影响城市未来发展的规模以及持久性。在灾害发生后，一方面需要经济支持进行灾中救援和灾后重建工作；另一方面需要具备韧性的经济结构降低灾害造成的经济损失。良好的城市经济韧性，能够调节、缓解和消除灾害扰动的直接冲击，并且能够通过救援物资保障、灾后经济补贴和赔偿并行等方式降低灾害损失。

组织维度，城市组织同样是城市安全韧性的非物质性要素，城市的组织韧性体现为城市通过自身组织能力，充分利用各种城市要素适应灾害，围绕适应灾害，提升城市防灾减灾功能的能力。提升城市组织韧性往往不改变城市的客观条件，主要通过组织一系列防灾减灾教育培训，加强城市信息化资源的有效利用，组织学习城市应急相关经验，优化城市组织结构等手段来提升城市的组织韧性，从而减少灾害带来的损失。

在工程、社会、经济、组织四个维度下，城市应当具备韧性，能够尽量降低由于灾害导致的人民生命和财产损失。城市中具备的各种要素相互耦合、相互影响，共同构成了安全韧性城市的功能内涵。根据韧性理论，安全韧性城市应当具备一定的灾害抵御能力、灾害承受能力、自我恢复能力、灾害学习能力等，能够在城市受到冲击时，保持城市系统的相对稳定性，维持关键功能运转正常，减少灾害损失和影响；在灾害发生后，具备一定的适应能力，能够尽快恢复正常生产生活，并吸收经验教训，做出适应性调整，提升城市的防灾减灾能力。与传统防灾减灾手段最大的不同在于，安全韧性城市不再以应对灾害作为主要建设目的，而是以利用灾害、适用灾害、保护安全为城市建设的根本目的，最终实现城市能够应对各种等级的灾害的目标[37]。

第四节　智慧城市的城市韧性

一、智慧城市的城市韧性背景

我国在智慧城市建设的这几年里，许多参与其中的城市在卫生、环境、经济和政务等方面效果显著，促进了城市的现代化发展能力。然而，当前的智慧城市建设也展现了一些问题，在应对各种未知风险与重大灾害时，智慧城市建设没有充足的条件和能力彻底解决。《中华人民共和国国民经济和社会发展第十四个五年规划和2035年远景目标纲要》中提到，顺应城市发展新理念新趋势，开展城市现代化试点示范，建设宜居、创新、智慧、绿色、人文、韧性城市。提升城市智慧化水平，推行城市楼宇、公共空间、地下管网等"一张图"数字化管理和城市运行一网统管。通过提高城市灾害治理能力，优化韧性城市风险管控，以发展韧性城市及海绵城市建设。将智慧城市与韧性城市有机融合、加强建设，发展城市数字化、现代化、可持续性的同时提高城市的抗灾害以及恢复能力，是各界所关注的问题。[38,39]

二、智慧城市的城市韧性概念

智慧城市的城市韧性是韧性城市、智慧城市的有机结合，包括了智慧城市的智能性和韧性城市的灾害防范高效性；不仅能够加强现代城市对灾害的感知能力和恢复能力，还可以实现城市灾害协同管理及韧性治理，提供城市应急减灾管理手段。智慧城市韧性能够在加强城市防灾减灾治理——灾前防范、灾时迅速响应及灾后快速恢复能力的同时，提供城市智能化的现实需求和应用管理。

三、智慧城市的城市韧性作用

1. 有效防范公共突发事件

我国城市的高速发展使越来越多的人选择城市。然而目前城市公共突发事件复杂多样且相互关联，诸如因各种情况导致的生活基本资源短缺，各种社会问题导致的突发事件以及像地震、极端天气等自然灾害，这些状况需要在城市建设管理中高效应对和精准处理[40]。针对未知风险的发生，智慧城市的城市韧性能够加强个人、社会、政府的感知、协同能力，以及能够对城市关键基础设施的抗灾供给能力予以支持。

2. 加强城市数字化升级

智慧城市的城市韧性能够基于社会数字化和经济数字化加强社会数字化治理体系升级，以适应新经济形态[41]。例如，目前在生态环境现状、行政管理模式以及经济管理体系等方面还有部分问题，民生需求得不到保障[42]。此外，城乡间交汇融合少、信息共享效率低、服务水平差距明显。而智慧城市的城市韧性将显著加强城市经济数字化和社会数字化升级转型资源的利用率和匹配度，实现具有适应性的经济社会新态势。

四、我国智慧城市面临的城市韧性问题

1. 提升城市韧性感知力

智慧城市基础设施主要包括传感终端、5G 网络、工业互联网和大数据中心等智能设备,以及能源输送管道、道路设施等公共设施。然而,我国许多城市基础设施布设主要集中在城市中心区域,部分不发达地区的基础设施难以满足基本需求,且城市基础设施存在老化严重、破损频发等问题,难以满足灾前的预警功能和受到灾害时的抵御功能[43]。

2. 提升城市韧性号召力

如今我国城市建设逐步迈入高质量发展阶段,然而如何将智慧城市和韧性城市结合还尚待解决。一方面,政府所搭建的智能治理系统应实现与社区数据相连接,目前仍采用人工到社区的方式,这不但无法满足居民的需求,也限制了城市治理的高效能。另一方面,目前并未对智慧工具进行关键资源整合,动态治理也尚未满足,进而导致目前智能防灾减灾服务体系和协同高效应急管理大数据信息服务网络平台的建设成效受到一定制约。

3. 提升城市韧性协同力

当前我国多数城市各主体应加强应急协同能力、联动机制建设,增强充分处理与防范各种风险和突发事件的能力;同时,注重合理调配公共资源。

本章小结

本章从智慧城市的起源、含义、发展现状出发,在把握当前中国城市发展的基础上探究安全韧性城市的相关理论内涵。根据韧性理念,更具韧性的城市应当具备良好的防灾减灾能力,能够应对外界和内部的扰动,保障城市系统的基本功能正常运行,维护城市安全。当前在智慧城市建设中,还应提升城市韧性感知力、号召力和协同力,提升城市韧性,保障城市安全,促进可持续化发展。

第三章

安全韧性城市的现状

第一节 国外安全韧性城市的现状

一、国际组织倡导下的安全韧性城市建设

1. 联合国倡导下的安全韧性城市建设

联合国作为政府间国际组织致力于维护国际和平与安全,也一直重视防灾减灾工作,2005 年发布的《兵库宣言》标志着联合国防灾减灾工作的中心由单一的灾害应急响应转变为韧性城市建设。经过多年的努力,联合国的韧性城市建设形成了以联合国系统为主导,国际机构、政府组织、私营企业和研究机构共同参与的全球行动网络[44]。

(1) 联合国减灾战略署"让城市更具韧性"运动

1999 年 12 月联合国大会第 54/219 号决议通过成立国际减灾战略秘书处,旨在确保在大会同一决议中通过的国际减灾战略的实施。联合国减灾战略署作为联合国系统的减灾协调中心,确保了联合国系统和区域组织的减灾活动和社会、经济、人道主义领域活动之间的协同。2010 年,在全球减灾与恢复基金和全球二十余个国家政府的资助下,联合国减灾战略署发起全球"让城市更具韧性"运动,支持城市开展韧性建设,提高对灾害风险的认识。此外,为了更好推进韧性城市建设工作,联合国减灾战略署率先推出了地方政府自我评价工具(LG-SAT)等技术文档,帮助城市设置基线、确定差距、与世界各国地方政府合作、建立可比数据库、跟踪后续改进。随后,联合国减灾战略署在 LG-SAT 应用的基础上提出了"城市韧性能力十大要素",作为提升城市韧性能力的基础框架[45]。之后,联合国减灾战略署与 AECOM 公司和 IBM 公司合作开发了城市韧性能力评价指标体系。以"城市韧性能力十大要素"为主要模型,从政策、规划、工程、信息、组织、金融、社会和环境等方面建立城市韧性评价指标体系,包括 80 多个子指标,用以评估城市当前面临的灾害风险与防灾减灾挑战,为城市韧性建设提供依据。

2020 年,"让城市更具韧性"运动第一期建设工作结束,全球共计有 4630 个城市参与。联合国减灾战略署又随之发起了"创建韧性城市"活动,即面向 2030 的韧性城市项目(MCR2030)。MCR2030 项目旨在到 2030 年在全球打造一批韧性城市,并通过树立示范城市发挥韧性城市建设的示范效应。"让城市更具韧性"运动对推动韧性城市理念在全球传播起到了非常重要的作用。

(2) 联合国人居署"让城市持续与韧性发展"项目

联合国人居署,又称联合国人类住区规划署,正式成立于 2002 年,是联合国负责人类居住问题的机构。联合国人居署的宗旨是为了实现"所有人都有合适的居所"和"在城市化过程中的可持续性人居发展"两大目标。联合国人居署对韧性城市的倡导主要有以下两个方面[46]。

第一,随着城市的迅速发展,联合国认识到世界许多地方灾害影响不断加重且日趋复杂,在《仙台宣言》上提出《2015—2030 年仙台减少灾害风险框架》,进一步减少灾害风险,降低世界范围内灾害所造成的生命和财产损失。在《仙台宣言》通过后,人居署开始注重以韧性视角推动城镇可持续发展。在欧盟国际援助机构的资助下,人居署开展了韧性城市建设的相关工作。首先,确定城市可持续发展关键问题和挑战,将易发生危机城市的早期干预与长期可持续发展联系起来。其次,增强易受风险影响城市实施韧性建设的能力。同时,人居署发起"让城市持续与韧性发展"项目,选定亚松森、达喀尔、马普托、维拉港等 4 个城市先行试点,随后在全球 40 个城市开展推广。

第二,在 2015 年联合国大会上通过的《2030 年可持续发展议程》中提出了建设可持续城市与社区的发展目标,这是 17 项可持续发展目标中的第 11 项。为了实现联合国 2030 可持续发展目标[47],2016 年联合国住房与城市可持续发展大会通过了《新城市议程》(New Urban Agenda),《新城市议程》重申了城市实现可持续化的关键步骤,《新城市议程》的落实将有助于实现城市可持续发展目标和具体目标,也包括可持续发展目标第 11 项,即建设包容、安全、有韧性和可持续的城市和人类住区。这一倡导成为人居署推动全球韧性城市进程的另一重要抓手。

（3）联合国开发计划署"可持续城市化战略"计划

联合国开发计划署，是世界上最大的负责进行技术援助的多边机构。联合国开发计划署的工作是为发展中国家提供技术上的建议、培训人才并提供设备，特别是对最不发达国家进行帮助。它致力于推动人类的可持续发展，协助各国提高适应能力，帮助人们创造更美好的生活。联合国开发计划署目前在全球约170个国家开展旨在消除贫困、减少不平等和社会排斥等的活动，因此该机构也致力于支持各国政府的韧性城市建设工作。联合国开发计划署长期从事降低城市灾害风险、关注城市气候变化、帮助城市灾后恢复、提升城市社区和社会凝聚力等方面的工作。

自2005年以来，联合国开发计划署累计投资超过17亿美元用于减少全球灾害风险和灾后恢复工作。2008年联合国开发计划署与欧盟、世界银行开展了灾后需求评估和灾后恢复框架的相关合作，为韧性城市的建设和城镇可持续化发展提供了相关借鉴。2012年联合国开发计划署发布了"基于社区的韧性分析工具"，可用于评估和确定城市社区韧性的关键组成部分，并通过评估对城市社区韧性能力提升提出相关措施。2016年，联合国开发计划署在瑞典国际开发署、世界银行、绿色气候基金以及亚洲开发银行等的资助下，提出了"可持续城市化战略"，并在2020年发布的"城市韧性综合框架"中，明确了韧性城市的九项要素。当前，联合国开发计划署致力于提升全球城市气候韧性，为全球60余个国家提供了应对气候变化，提升环境和城市可持续发展能力的相关支持。

2. 世界银行倡导的安全韧性城市建设

世界银行由国际复兴开发银行、国际开发协会、国际金融公司、多边投资担保机构和国际投资争端解决中心五个成员机构组成。世界银行的成立宗旨是向成员国提供贷款和投资，推进国际贸易均衡发展。2006年，世界银行启动了全球减灾与恢复基金（GFDRR），该基金旨在帮助发展中国家提升灾害防治能力，改进灾害治理、应急准备和灾后恢复工作，提升城市韧性能力。为了促进全球韧性城市建设与发展，2011年全球减灾与恢复基金发起了"韧性开放数据倡议"，提倡全球开放灾害相关数据，以减少自然灾害和气候变化影响的影响，从而减少城市灾害脆弱性。2013年"韧性城市规划"项目启动，世界银行发起该项目是为了帮助城市提升应对外界风险的能力，随着城市的发展，城市面临的风险和危机也不断上升，该项目旨在通过韧性城市规划，来抵御气候变化、自然灾害和其他冲击对城市造成的破坏，并提升城市受到破坏的恢复能力。2014 年，世行与 GFDRR 合作开发了《城市优势诊断指南书》(*The City Strength Diagnostic*)[48]，为城市管理者提供有关社区和社会保护、城市灾害风险管理、教育、能源、环境、卫生、信息和通信技术、地方经济、城市金融等方面的评价指南，便于发现韧性城市建设中的薄弱环节。在 2016 年发布的《投资城市韧性：在变化的世界中保护和促进发展》中，进一步强调了建设城市韧性对减少贫困和促进共享繁荣的重要性，详细阐述了世行和其他机构通过私营机构建设帮助各国增强城市韧性的措施。

3. 世界卫生组织倡导的安全韧性城市建设

世界卫生组织（WHO）是国际上最大的政府间卫生组织，其主要职能包括促进流行病和地方病的防治；提供和改进公共卫生、疾病医疗和有关事项的教学与训练；推动确定生物制品的国际标准。自 2019 年新冠疫情暴发以来，世卫组织将新型冠状病毒疫情列为国际关注的突发公共卫生事件，加大了对突发公共卫生事件的关注，倡导推动建设韧性城市，加强城市对突发公共卫生事件的应急能力。

随着经济的发展，全球气候变化、公民健康等问题愈发凸显，2015 年世界卫生组织发布《城市气候韧性卫生系统操作框架》，应对各成员国在健康和气候变化方面的新需求，旨在加强城市气候韧性，保障城市公共卫生安全。为了保障城市卫生安全，应对在城市化进程中的各种健康问题，世界卫生组织在 2016 年发布了《2016—2020 年西太平洋城市卫生区域框架：健康和有韧性的城市》，报告指出，在 2050 年，全球 70% 以上的世界人口将生活在城市中，城市的健康与韧性将影响大多数人的生活，所以建设健康城市有着十分重要的意义。此外，该报告还提供了一个评价城市健康韧性的框架。在世界卫生组织看来，建设健康韧性的城市对保障人类安全有着重要意义，城市管理者在制定城市发展战略时，应当从经济社会发展和成本收益分析等角度统筹考虑城市健康和城市韧性等问题，提倡建设多元化、健康、韧性、绿色的城市。

二、部分代表性国家安全韧性城市建设现状

1. 美国纽约安全韧性城市建设

纽约市（New York），隶属于美国纽约州，是美国第一大城市，位于美国东北部沿海哈德逊河口，濒临大西洋，属温带大陆性气候。全球气候变化对海岸城市的影响巨大。在 2012 年 10 月 29 日，Sandy 飓风席卷纽约，给纽约地区带来

重创,美国东北部、加拿大和加勒比海地区多地遭受飓风破坏损失惨重。随着全球气候变暖,海平面不断上升,热带风暴趋于频繁,城市遭受大面积洪灾风险上升。纽约作为海岸城市的代表,在韧性城市建设和气候适应方面进行了积极探索。

纽约市政府把韧性城市建设作为长期持续的工程,制定了一系列政策和行动计划并提供建设资金支持。在2007年《更葱绿,更美好的纽约》规划中提出纽约韧性城市建设和气候适应项目。在2013年,纽约市政府制定了应对气候变化的韧性城市计划《更加强壮、更富韧性的纽约》,并在该计划中提出通过十年时间,完成韧性城市建设项目清单,打造更强壮的纽约。在2014年,纽约市政府发布了《一座城市,一起重建》报告,提出聚集政府、社区和民众的协同力量,完成"纽约市灾害缓解计划",强化了此前纽约韧性城市建设计划,并提出设立韧性城市建设办公室,切实推进韧性城市建设工作。韧性城市建设办公室的设立,保障了韧性理念在不同部门之间的一致性与延续性,并且承担了关键建设项目的启动、实施、评估等职能。在2015年,纽约市政府发布了更新、更全面的气候韧性建设计划《一个纽约2050:建立一个强大且公平的城市》总体规划,其中将韧性城市建设作为一章内容详细介绍,旨在提高城市承受气候变化、自然灾害、人为灾害的韧性,降低城市由于气候灾害而造成的损失。表3-1所示为纽约韧性城市行动计划。

表 3-1 纽约韧性城市行动计划

政策方针	标志性政策与发布时间
提出建设韧性城市,抵御气候变化风险	A. 更葱绿,更美好的纽约(2007) B. 可持续暴雨管理计划(2008、2012) C. 面向2020年纽约城市综合滨水规划(2011) D. 纽约城市湿地战略(2009、2012) E. 纽约绿色基础设施规划(2011)
设置纽约韧性城市建设规划,加强城市气候韧性	A. 更加强壮、更富韧性的纽约(2013) B. 重建计划(2013) C. 国家洪水保障计划(2013) D. 纽约海岸绿色建筑计划(2014) E. 一座城市,一起重建(2014)
推进韧性城市建设计划,建设更全面的韧性城市	A. 一个纽约2050:建立一个强大且公平的城市(2015) B. 构建气候韧性知识库(2015) C. 纽约应急管理预案(2015) D. 一个纽约2016年进度报告(2016) E. 纽约气候韧性设计导则(2018)

针对洪涝灾害，纽约市采取了一系列策略，建设更具韧性的防洪设施、风暴潮防护等防灾基础设施，提升水岸区域的防灾能力。此外，纽约市通过公园和公共空间的规划、设计和建设，发挥公共空间的雨洪调蓄功能，增强了城市的灾害承载能力，缓解城市的洪涝风险。为了抵御洪灾侵袭，纽约布鲁克林大桥公园的韧性水岸公园建设策略，结合历史上纽约水岸的建设与变迁，通过对其方案设计、运营维护模式的研究，提出气候变化背景下弹性水岸公园的防洪策略。以先进的灾害风险评估为基础，健全的法律法规为制度保障，提出多功能一体化的韧性水岸策略，保护了生态系统和自然缓冲区，也减轻了城市可能遭受的洪水和其他灾害。

曼哈顿区是纽约5个行政区之中人口最稠密的一个区，被形容为整个美国的经济和文化中心。曼哈顿岛四周环水，常年受洪涝、飓风等灾害侵扰，为了减少灾害对社区居民的影响，曼哈顿区加强了韧性设施建设。纽约曼哈顿区的哈德逊河公园采用韧性设计理念，设计之初就考虑到了海平面上升对城市的影响，在公园内设置了渗透性较好的沉式草坡景观区，并且在边缘地带设置较高的缓坡用于吸纳雨水，缓解洪涝灾害对周边社区的影响，保障了周边社区居民的安全。此外，哈德逊河公园同样考虑了生物多样性的问题，园内主要选用耐淹、耐盐的树木品种，控制其种植高度高于极限洪水水位，营造了适合园内树木的生存环境，减少洪灾对园区树木的影响。作为海岸城市，纽约常年遭受飓风灾害的威胁，曼哈顿区独特的地理特征加剧了其区域脆弱性。为了改善纽约曼哈顿岛的灾害脆弱性，美国住房和城市发展部在曼哈顿岛规划了"THE BIG U"项目，该项目不仅能够增强曼哈顿岛抵御洪水的能力，而且改进了滨水区域的公共空间，产生更大的社会和环境效益，是公共基础设施建设的典型案例。"THE BIG U"项目旨在打造一个城市与水岸之间的"隔离墙"，作为城市防洪系统的"缓冲区"，用于保护曼哈顿免受风暴潮和海平面上升的侵害。与传统防灾减灾方案不同，"THE BIG U"规划项目运用韧性理念，将海岸城市防灾减灾设施和居民生活娱乐需要更好地结合在了一起，该项目不仅为居民提供了户外空间和便利设施，同时也具备抵御气候变化和灾害的功能，是韧性城市建设的新尝试。

2. 日本东京安全韧性城市建设

东京（Tokyo），位于日本关东平原中部，地处环太平洋火山地震带，地震海啸等自然灾害频发。受制于狭长的国土特征和频发的自然灾害，日本始终保持着强烈的忧患意识，在提升城市防灾减灾能力方面做出了很多尝试，分外重视安全韧性城市的建设。在2013年，日本首次在国家层面上提出韧性概念，出台了

《国土强韧性政策大纲》，提出了推进整个国家的韧性提升计划，并且针对性地提出了防控地震和海啸灾害的措施。在《国土强韧性政策大纲》的指导规划下，日本全国有效推进了韧性规划建设，到2016年日本全国有超70%的地区完成了强韧性规划。至2018年，日本所有县全部完成了规划编制，并由上一级向下一级推进。

东京市作为日本政治、经济、文化、交通等众多领域的枢纽中心，积极响应《国土强韧性政策大纲》精神，2014年，东京发布了《创造未来——东京都长期战略报告》，该报告中明确提出了多项韧性城市建设具体举措，明确了东京韧性城市建设的基本路径，从基础设施韧性建设辐射到经济韧性建设、社会韧性建设以及制度韧性建设。此外，该报告还强调了城市的可持续化发展。具体来看，东京韧性城市建设在基础设施、经济、社会、制度等方面提出了较为明确的方针与路线。在基础设施韧性方面，加强交通基础设施建设，完善公路、机场线等交通要道的道路设施建设，旨在增强地区间的可达性。在经济韧性方面，践行低碳可持续的发展理念，鼓励开发和使用新能源，减少生产企业的能耗标准。在社会韧性方面，制定应对突发灾害和突发公共事件的应急预案，做到平灾结合。在制度韧性方面，政府履行好维护公共安全治安的职责，完善治安监控与安保志愿队伍建设。

在抗震减灾方面，东京城市安全的话题在历版战略规划编制过程中始终摆在重要地位，其内涵和研究范畴也在不断地拓展丰富。东京以2016年在东京举办奥运会为目标，于2006年发表了《十年后的东京（2006—2016）》作为今后十年东京开展各项政策的方向性文件，其中提出了"创建抗灾力强的城市，提高首都东京的信誉"的战略目标，计划采取一系列的防灾减灾措施，以提高城市国际形象，维护城市安全。

随着全球气候变化，东京面临的城市安全风险上升，地区不确定因素交织，在2017年东京制定了新的城市总体规划，题为《都市营造的宏伟设计——东京2040》。在《东京2040》中直言要面对2040年东京日趋严峻的少子化、高龄化、人口减少等问题，提出了"新东京"建设的三个愿景，强调了安全城市的重要性。同时《东京2040》中提出了"创建对抗灾害风险与环境问题的城市"发展战略，从人口、灾害、全球化挑战等角度预判未来场景，并将水资源、能源问题和环境治理等方面内容纳入了影响城市安全的范围统筹考虑，加强城市建设以实现未来城市的可持续发展。表3-2所示为日本政府为对抗灾害风险与环境问题提出的城市政策方针。

表 3-2　日本政府对抗灾害风险与环境问题的城市政策方针

政策方针	具体内容
预想各种灾害，创建可以抵御灾害的城市	A. 将木质住宅密集区改造成为安全放心和展现地域特色的街区
	B. 应对大规模洪涝风险，推进防灾减灾对策
	C. 防范地质灾害，提高地区的防灾能力
创建无电线杆、安全美丽的城市	A. 消除城市范围的主要道路的电线杆
	B. 创造身边无电线杆的道路空间
灾害发生时市民可以正常开展活动，并迅速投入灾后重建	A. 强调灾害前后城市功能的延续性
	B. 创建城市迅速复兴所需要的机制
	C. 充分利用 ICT 的数据管理基础支撑灾后重建建设
持续使用城市基础设施	A. 延长城市基础设施的使用周期，降低维护管理成本
	B. 一体化推进基础设施更新与城市改造
减少城市整体负荷	A. 抓住开发的机会，推进低碳与高效的能源利用
	B. 根据地区特性，引入可再生能源
实现可持续发展的循环型社会	A. 实现良好的水循环，享受水带来的恩惠
	B. 为促进森林循环作出贡献
	C. 充分使用城市可再生资源

3. 荷兰鹿特丹安全韧性城市建设

鹿特丹（Rotterdam）是荷兰第二大城市，是位于南荷兰省新马斯河畔的三角洲城市。在全球气候变化背景下，为应对海平面上升、持续增加的强降雨和干旱等风险，鹿特丹加强了对水资源、水安全与水生态的管理，将应对气候变化和水风险管理纳入城市的中长期发展规划中，并结合空间规划建设在水风险治理方面进行了大量探索[49]。荷兰的治水历史可以追溯到 9 世纪，在 13 世纪居民已经有意识地将房屋建筑到高地上，并且建设风车用于低洼地的排水。到了 20 世纪，荷兰的治水策略主要是通过加固、加高堤坝来实现防洪安全。在 20 世纪荷兰经历了多次大型洪水，溃堤情况的发生使得荷兰人意识到一味建高堤坝是无法完全消除洪灾风险的，随后荷兰治水策略转向为"与水共生"，并提出了新的风险评估机制和防洪措施。在 1996 年通过了新《防洪法案》，提出在新世纪建设"还地于河"工程，为河流修建多条通水的沟渠，拆除河面、河岸建筑物，给河流创造更多空间，人为调节了水量，降低洪灾风险。并通过建设蓄水田拔高农场地势，还将通水的沟渠建设成绿地公园，通过人为规划与建设在保障人民安全的同时实现了"与水共生"，打开了水风险管理的新思路，实现人与自然和谐共处愿景，增强了城市的安全韧性。

鹿特丹被称为"世界第一大港",有近90%的土地海拔低于海平面,长期受到河流洪水和海洋洪水的威胁。鹿特丹在水治理方面出台了诸多政策,将韧性理念融入了城市规划中,致力于建设更具韧性的城市来抵御气候变化。在2001年鹿特丹发布了《水计划1》,致力于使城市防水,从防御的角度增强城市应灾能力。在2007年提出的《水计划2》中,结合韧性理念,提出将水管理措施和城市空间规划进行结合,针对水问题的解决措施逐渐多元化。在2013年《水计划2》完成后,鹿特丹针对当前城市新的水安全问题确定了新的措施。在2016年,鹿特丹发布《鹿特丹韧性战略:为21世纪做好准备》,在该战略中将实现水安全作为城市韧性水系统建设的前提,致力于解决城市水管理中的脆弱性问题,提升城市韧性,节约城市资源,让城市具备韧性,为城市发展、民生福祉做出更多贡献。表3-3所示为鹿特丹涉水政策。

表 3-3 鹿特丹涉水政策

时间	政策名称	主要内容
2001年	《水计划1》(Water plan 1)	提出城市抵御强降雨的防洪防水措施
2005年	《鹿特丹区域空间规划2020》(Spatial plan in Rotterdam region 2020)	强调空间规划与水系协调发展,保护地区免受洪水和水资源短缺的影响
	《2035年鹿特丹水城规划》(Rotterdam Water City 2035)	提出多种生态防洪措施
2007年	《水计划2》(Water Plan 2)	采取"与水共生"的方式,解决当前面临的水问题
2008年	《鹿特丹气候安全:适应项目》(Rotterdam Climate Proof:Adaptation Programme)	提出将水风险转化为水机会,在2025年将鹿特丹打造成100%气候安全城市
2013年	《鹿特丹气候适应战略2013》(Rotterdam Climate Change Adaptation Strategy 2013)	提出建设适应气候变化风险的安全韧性城市
2013年	《鹿特丹气候倡议2013》(Rotterdam Climate Initiative 2013)	明确了气候变化适应的具体目标
2016年	《鹿特丹韧性战略:为21世纪做好准备》(Rotterdam Resilience Strategy:Ready for the 21st Century)	明确指出韧性水系统是实现水安全的前提,提出建设"气候更韧性的鹿特丹"

为了应对气候变化,鹿特丹致力于韧性城市建设,打造更具韧性的水系统。针对抵御城市洪涝风险问题,鹿特丹采取了"分区滞洪"的规划策略[50],根据不同分区的土地利用类型,确定淹没顺序,保障高密度建成区的安全性。针对城

市排水问题，鹿特丹善于利用扩大下水道、降低街道地面和利用公共空间储存雨水等方法来解决城市内涝。城市中具体的防洪措施则根据韧性建设的需求对城市空间分类，根据街道上积水的频率和规模、自然环境、现有的下水系统、发展计划、费用等因素来决定采取哪一种措施。与传统防洪措施相比，鹿特丹韧性治水措施更能适应洪水、水资源短缺等极端灾害情况，也具备更好的长期社会、经济效益。在港口地区建设上，为了营造更好的营商环境，缓解气候变化带来的风险，鹿特丹将滨水空间与公共休闲空间相结合，在保障城市安全的同时，增强了城市的宜居性。

第二节 我国安全韧性城市的现状

一、安全韧性城市的提出与探索

在现代社会中，城市是一个大型的人类聚居地，具备政治功能、交通功能、经济功能、文化功能等，城市的特有属性与功能要求是满足城市系统正常运转的基础。当今世界正经历百年未有之大变局，在全球化背景下，城市中来自各方面的风险挑战明显增多。随着城市系统和自然界各圈层的互动性增强，各类灾害事件进一步升级，次生风险进一步演进叠加，也增加了城市在面对各类灾害风险时的脆弱性。面对不确定的复合灾害冲击，传统的被动型灾害防治策略难以满足城市日益发展的安全需要，韧性城市作为新兴的城市防灾减灾策略被广泛接受。增强城市韧性逐渐成为提升城市防灾减灾能力、促进城市可持续发展的重要策略，许多城市也开展了建设安全韧性城市的相关实践。

在国家层面上，安全韧性城市的建设可以追溯到 2008 年，在四川省汶川县发生特大地震灾害后，国务院先后颁布《汶川地震灾后恢复重建条例》《汶川地震灾后恢复重建对口支援方案》等一系列政策法规，用于保障受灾地区的灾后重建工作，这一系列举措可被视为我国安全韧性城市建设规划的雏形[51]。在 2017 年 6 月中国地震局提出实施的《国家地震科技创新工程》中，"韧性城乡"作为四大计划之一被提出，这是我国首次在国家层面上提出有关韧性城市的建设。在 2018 年，国务院安全生产委员会牵头开展"安全发展示范城市"创建与评价工作，这是我国在建设安全韧性城市上首次开展的大规模实践[52]。经历新冠疫情的冲击，城市发展形势复杂，各类风险交织，为了建设安全韧性城市，保障城市安全发展，在 2020 年 6 月，住房和城乡建设部在全国选取天津、上海、黄石等36个城市组织开展以"防疫情、补短板、扩内需"为主题的城市体检项目，并提出将"安全韧性"列入城市体检核心指标[53]。同年11月在《中共中央关于制定国民经济和社会发展第十四个五年规划和二〇三五年远景目标的建议》中指出[54]"推进以人为核心的新型城镇化。""强化历史文化保护、塑造城市风貌，加强城镇老旧小区改造和社区建设，增强城市防洪排涝能力，建设海绵城市、韧性城市。提高城市治理水平，加强特大城市治理中的风险防控。"这是"韧性城市"首次被纳入国家战略规划。在2022年10月，习近平总书记在党的二十大报告中指出，"必须坚定不移贯彻总体国家安全观，把维护国家安全贯穿党和国家工作各方面全过程，确保国家安全和社会稳定。"，同时在城市建设方面强调要"打造宜居、韧性、智慧城市"，对新时代新阶段城市工作作出重大战略部署。

在地方层面上，国内不同城市在安全韧性城市建设上纷纷实践探索，强调城市各系统对灾害的承载能力，加强城市基础设施供应保障与应急系统的建设，并以刚性指标为主要管控手段，实现城市安全发展。在安全韧性城市建设规划方面，2017年北京市作为首个将韧性治理纳入总体规划中的城市，明确了城市发展的重要任务，旨在通过城市规划，提升城市防灾减灾能力，提高城市韧性。2018年上海市也将韧性城市建设纳入城市总体规划，并提出探索高密度超大城市可持续发展的新模式，要坚持"底线约束、内涵发展、弹性适应"的韧性发展理念，建设更可持续的韧性生态之城，聚焦城市生态安全和运行安全，提高人民群众安全感。在提升城市基础设施安全韧性方面，2018年河北雄安新区发布《河北雄安新区发展规划纲要》，提出建设高水平社会主义现代化城市，构筑现代化城市安全和应急防灾体系，打造韧性安全的城市基础设施。2020年重庆市人民政府发布《重庆市城市基础设施建设"十四五"规划（2021—2025年）》，提出"要增强城市基础设施安全韧性，全面提升各类城市基础设施的防灾、减灾、抗灾、救灾能力。"上述文件针对重庆市高发自然灾害的情况提出了具体化的目标，通过加强城市基础设施建设，提升城市防灾减灾能力，加快建设安全韧性城市。2022广州市人民政府办公厅印发《广州市城市基础设施发展"十四五"规划》，强调构筑更具韧性的安全防护设施，并针对洪涝灾害开展相关工作安排，以巩固防洪排涝工程体系，完善城市基础设施，提升城市综合防护实力与急救抗灾能力，推动建设安全韧性城市。对中国近年来开展的韧性城市探索情况进行梳理，如表3-4所示。

表 3-4　中国安全韧性城市建设情况

类型	城市代表	探索实践	时间
国际合作型探索	成都、锦阳、宝丰、三亚、咸阳、西宁	10个城市共同加入联合国减灾战略署"让城市更具韧性"行动,发布《让城市更具韧性"十大指标体系"成都行动宣言》	2011年
	德阳、黄石、海盐、义乌	洛克菲勒基金会"全球100韧性城市"计划	2013—2016年
自主型探索	北京、上海	将"韧性城市"建设纳入城市总体规划	2017年、2018年
	广州	将"韧性城市"建设纳入城市国土空间总体规划	2019年
	西安	《以"韧性城市"为主题 西安国际化大都市发展蓝皮书(2019)》	2019年
	雄安新区	建设国际地震安全韧性城市典范	2019年
	成都	将"韧性城市"写入政府工作报告;补短板、强弱项,加快建设韧性城市	2020年
	上海	将"安全韧性城市"写入"十四五"规划,打造具有中国特点、上海特色的全球韧性城市"样板间"	2021年
	深圳	在政府工作报告中明确了"建设一流韧性城市"的重点工作	2022年

二、我国典型安全韧性城市的建设与实践

中国是世界上自然灾害最为严重的国家之一。由于自然、社会、经济的综合作用,极端气象事件、破坏性地震及次生衍生灾害频率呈增长态势,自然灾害的突发性以及复杂性增加,灾情形势复杂多变,给人民生命财产和社会经济带来严重的损失。2008年汶川地震后,我国在全国范围内实施了防灾减灾宣传,开展了防灾减灾学习,加强了全国各城市的防灾减灾建设。根据总体国家安全观的指导,城市发展离不开城市安全,建设安全韧性城市是顺应城市发展阶段的重要实践。

1. 北京安全韧性城市建设实践

北京是中华人民共和国首都、直辖市、国家中心城市、超大城市,是国务院批复确定的中国政治中心、文化中心、国际交往中心、科技创新中心。作为国家中心城市,北京市的安全分外重要,为了有效回避干旱、暴雨洪涝、地震、地质灾害、森林火灾、沙尘暴等自然灾害以及人口膨胀、交通拥挤、资源紧张等社会风险,北京市在2017年9月率先在《北京城市总体规划(2016年—2035年)》中提出将强化和提高"城市韧性",应对城市风险挑战,加强城市防灾减灾能力,保障城市可持续发展。

2017年12月,北京市城市规划设计研究院牵头完成了《北京韧性城市规划纲要研究》课题项目。该项目以清华大学公共安全研究院建立的涵盖328种致灾因子的全要素数据库为基础,经过多轮筛选,识别出地震灾害、矿产事故、传染病疫情、恐怖袭击等37种风险因子。以城市风险评估为基础,该研究从城市系统和韧性管理两个维度出发,构建了包含建筑、人员、基础设施等12个二级指标的北京市韧性城市评价指标体系(见表3-5),并且根据该评价结果对北京市韧性薄弱区域加强了规划建设和管理升级。2021年11月,北京发布《关于加快推进韧性城市建设的指导意见》,强调以突发事件为牵引,立足自然灾害、安全生产、公共卫生等公共安全领域,从城市规划、建设、管理全过程谋划提升北京城市整体韧性。意见提出,到2025年,韧性城市评价指标体系和标准体系基本形成,建成50个韧性社区、韧性街区或韧性项目,形成可推广、可复制的韧性城市建设典型经验。

表 3-5 北京市韧性城市评价指标体系

一级指标	二级指标	三级指标(指标数)
城市系统	建筑	集装箱活动房比例、房屋建设质量(2个)
	人员	基尼系数、社区应灾互助准备情况等(9个)
	基础设施	人均应急避难场所面积、应急避难场所容纳人数等(22个)
	交通	集中建设区道路网密度、绿色出行比例等(4个)
	生态环境	森林覆盖率、$PM_{2.5}$年均浓度等(8个)
韧性管理	领导力	领导力水平、协同能力水平等(3个)
	资金支持	财务计划制定情况、重点工程专项资金等(4个)
	风险评估	灾害风险普查、暴露度与脆弱性普查等(6个)
	监测预警	视频监控率、自然灾害致灾因子监测情况等(6个)
	应急管理能力	法律法规编制情况、专项预案编制情况等(10个)
	恢复能力	商业保险覆盖率、恢复计划制定情况(2个)
	京津冀协同能力	应急联动预案编制情况、处置流程及任务分工明确情况等(8个)

资料来源:《北京韧性城市规划纲要研究》。

2. 南京安全韧性城市建设实践

南京是国务院批复确定的中国东部地区重要的中心城市,截至2021年,南京市常住人口942.34万人,比上年末增加10.37万人,比上年末增长1.11%。南京中心城区人口密度达到85%,城市投资活跃度居全国第四,城市产业集聚,社会管理风险高,城市系统复杂。为了应对城市发展中的风险与挑战,近年来,南京市政府针对安全韧性城市建设做出探索。

在韧性城市建设方面，南京市从保障城市安全发展出发，在"2019南京创新周紫金山创新大会"上，首次提出"让城市更有韧性"的建设目标。2020年3月，南京市提出城建城管计划清单，计划投资800多亿元，建设411个项目，提高城市防灾减灾和安全保供能力。2020年4月，南京市委、市政府组织专题研讨，提出从基础设施、经济发展、生态环境和治理体系等各方面全方位增强城市韧性，提高城市的灾害响应能力、应变能力、抗压能力和恢复能力，建设充分彰显中国特色社会主义制度优势、拥有现代治理体系和治理能力的韧性城市。在《江苏省国民经济和社会发展第十四个五年规划和二〇三五年远景目标纲要》中提出要建设海绵城市、韧性城市、智慧城市，构建城市幸福生活服务圈。2021年，江苏省政府在《江苏省"十四五"生态环境保护规划》《江苏省"十四五"城镇住房发展规划》《江苏省"十四五"新型城镇化规划》中多次强调加快建设韧性城市，并在2021年颁布《南京江北新区"十四五"发展规划》，明确要全力打造安全韧性城市，完善防灾减灾工作体系，提升应急响应能力，建立健全突发事件应急体系。

南京市积极发展数字治理，旨在通过大数据等新兴技术，加强城市应急管理体系建设，促进安全韧性城市的软件升级。目前南京市已经初步建成立体空间可视化城市信息模型（CIM）基础平台，打造"城市之眼"综合感知平台；构建了全国首个"城市地下管网数字化工程"，系统内管线已经超过17万公里，可实现对道路桥梁、地下管网的实时监控探测；搭建城市安全运行综合监测预警平台，开发风险防控网络化、预测预警智能化、应急预案数字化等8大业务子系统，全面提升燃气、供排水、桥梁隧道、综合交通枢纽、长输油气管道、防洪防涝等领域监测预警水平；全面整合24个部门70余类基础数据，目前已在南京全市2.5万家单位常态化应用。南京发布"金陵应急宝"城市服务公共安全与应急管理产业互联网平台，着力推进安全生产社会化服务改革创新，打造全国唯一、模式领先的应急管理领域产业互联网综合服务平台，目前，金陵应急宝Ⅰ期市域版已内置应急场景32类、各类资源13万余项，注册企业用户7000余家，入驻专家1700余人。其主要具备以下五大功能。一是专家咨询会诊。汇聚国内顶级专家为企业提供在线咨询、"同框会诊"，实现专业预案"场景化"，让救援处置更专业、更精准、更高效。同时，专家还可挂牌"出诊"，参与现场指导检查。二是企业安全评估。建设网上安全服务专业旗舰店，承接开展企业安全评价、检测等技术服务，为企业提供一对一"管家式"安全服务，便于加强对企业安全生产费用的指导监督，同时规范安全中介服务机构监管。三是安全云服务。为企业"订制"提供"安全脸谱"分析报告，开拓发展智慧安全云服务。四是安全资格培训。开办网上安全资格培训考证服务超市，实现线上教育培训、应急演练演示功能。五是创新成果展示。宣介推广最新技术发明、工艺装备、信息化应用成果等，撮合转让租售业务，提升企业本质安全水平。

3. 成都安全韧性城市建设实践

成都是国务院批复确定的国家重要的高新技术产业基地、商贸物流中心和综合交通枢纽、西部地区重要的中心城市。在2020年成都市第十七届人民代表大会上，首次提出建设"韧性城市"，并将"韧性城市"写进政府工作报告。为了让城市更有智慧、更有韧性、更加安全，解决超大城市的安全问题，在2021年成都提出"智慧韧性安全城市建设工程"，作为成都市"幸福美好生活十大工程"之一。成都市智慧韧性安全城市建设工作以新型的信息化技术与方法，实现全天候的安全风险检测，构建信息化感知平台，在防灾减灾、信访维稳、安全生产、食品药品安全、社会治安、医疗卫生、生态环境等领域牢固安全防线，通过高效完善的社会治理，构建安全有序的社会环境。在安全韧性城市建设方面，以建立救援队为抓手，将在全市261个镇、街道建设综合应急救援队，保障市民安全感；以项目建设为牵引，全面构建智慧韧性安全的超大城市现代化治理体系；以智能化技术为突破点，预计在2025年建成24个智能化项目，全力确保城市更安全、社会更安定、市民更安心。

成都"智慧韧性安全城市建设工程"主要集中在以下三个方面。第一，构建智慧城市治理体系。充分发挥成都市在新兴技术产业的发展优势，运用大数据、人工智能、物联网、区块链等前沿技术和创新成果，构建成都市智慧城市安全韧性治理体系。加强城市安全风险综合治理体系建设，从风险识别、风险管控、综合处置等方面，形成全过程的城市安全风险治理体系。加强城市智慧安防系统建设，设置城市急救信息系统，构建智慧应急平台，提升城市突发事件应对能力，保障城市安全发展。第二，构建自然灾害预警发布平台。成都位于西南地区，常受到洪涝灾害的影响，通过构建自然灾害预警发布平台，提升城市应对自然灾害的承受能力和恢复能力。提高多灾种和灾害链综合监测水平，加快推进江河控制性工程和城市防内涝能力提升工程建设，提升城市防洪排涝能力。此外，作为超大城市，人口的聚集效应增加，成都市提出通过优化应急物资产能保障和区域布局，来提升突发事件紧缺物资生产快速恢复能力，从而保障城市的安全韧性。第三，服务民生，增进市民福祉。在能源安全稳定保供、食品及药品重大风险防范、火灾安全防控等方面，建立全链条监管体系，加大违法处罚力度，以安全促服务质量，提升市民幸福度。

4. 长沙安全韧性城市建设实践

2021年湖南省发展和改革委员会印发《湖南省"十四五"新型城镇化规划》，其中对优化城市功能方面提出要建设韧性城市，重点推进海绵城市建设、增强城市防灾减灾能力、健全城市应急体系，提升城市抗风险能力与自愈能力，做到内外兼修，并加快智慧城市构建，布局新型基础设施，建设高效便民数字政府，丰富智慧城市应用场景，以公共数据开放共享为突破口，提升城市运行效能。长沙市常年内涝严重，针对水系发达洪涝灾害问题突出的短板，长沙注重安排城市防洪排涝设施的规划建设管理，尊重自然地理格局，严格实施湖泊保护，在规划建设管理等阶段，落实排水防涝设施、雨水径流、调蓄空间和竖向管控的相关要求。同时按照海绵城市建设要求，推行低影响开发建设模式，在居民小区、公共建筑、城市道路、公园绿地等建设项目中落实海绵城市建设理念，使雨水得以渗、滞、蓄，从源头控制降雨形成的地表径流，有效减轻了城市内涝压力。

长沙市提出增强城市防灾减灾能力，健全城市应急体系，加快完成89个县级城市防洪闭合圈建设，提升极端自然灾害条件下抗损毁和快速恢复能力，提高城市空间韧性。应用数字化技术，构建城市应急指挥系统，实时显示城市各大重要监控点的运行情况，值班人员可以实时掌握现场第一手情况，发生突发情况，决策者也可以第一时间调取实时情况及可用物资进行快速决策。这个应急指挥系统功能强大，依托长沙"城市超级大脑""政务云"平台，实现了市水利、交通、国土等10余个部门的常态化联动，并接入市消防救援支队、市应急管理局，联同无人机救援队等前端指挥部实现现场指挥。此外，该系统能够对各类救援队伍分布、应急物资分布、各类专家库数据进行分析，实现查询和指挥功能，为决策提供服务。目前，长沙市应急指挥中心大厅通过"5+1+N"模式实现了"应急指挥一个厅、信息收发一平台、数据支撑一个脑、资源调度一张网"，24小时为城市安全保驾护航。

本章小结

本章主要介绍了国内外安全韧性城市建设现状，并介绍了部分有代表性的安全韧性城市案例，旨在为国内安全韧性城市建设提供有借鉴性的经验和措施。针对不同的城市发展问题，特别是在城市防灾减灾方面，国内外城市纷纷加快韧性城市建设步伐，在城市规划、城市基础设施、城市应急保障等方面提升城市韧性，保障城市安全和可持续发展。

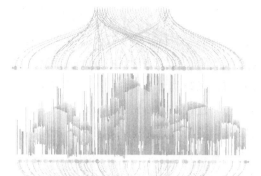

第四章 城市安全韧性评价指标体系

第一节　城市安全韧性评价指标体系的构建

一、评价指标构建的目的及其原则

1. 指标构建目的

在对城市安全韧性进行整体评价时,需要凭借构建科学合理的指标体系才能很好地实现。当相关指标体系作为评价基础时,可以从体系的分支结构以及各级指标权重的大小来影响城市安全韧性评价的结果,进而体现各个因素对安全韧性城市的影响。因此,要想实现对城市安全韧性的评价,需要从整体来把握,通过构建合理的评价指标体系,来完成城市安全韧性评价的相关基础工作。

2. 指标构建原则

城市安全韧性的指标体系合理程度将直接影响其评价结果的客观准确性,对此构建出一套合理的指标体系将是进行评价的关键一步。城市安全韧性评价指标体系的构建将遵循以下几个原则:

第一,客观性和科学性原则。

城市安全韧性评价指标体系不仅能够对研究内容进行有效评价,还能够作为城市安全韧性信息化平台搭建的基础。同时,在构建城市安全韧性评价指标体系的过程中,应当考虑城市安全韧性的波及范围、特点,尽可能确保指标体系的实时有效性。以实际为主是指标选取的关键所在,在研究城市安全韧性的主要影响因素以及确定相关指标权重时,要充分运用各种科学有效的方法,减少个人主观判断对指标体系的影响。城市安全韧性涉及内容较多，在对其进行评价时需尽量全面地选取，各个系统的内容都能在指标体系中体现，确保所设置的指标能够客观真实地反映项目的实际情况。

第二，定量化和实用性原则。

在选取能够直接运用数据反映或者通过定量化处理后以数据反映的指标时，应注重指标的客观性，同时在选取指标时应当减少对定性指标的采用，基于更合适的定量指标进行时空演化分析。指标的选取需要有较为良好的实用性，倘若部分重要指标在进行界定评判时较为困难，那么应暂弃或以概念相近的指标来替代，保证指标体系具有参考价值。除此之外，指标还应考虑运用和推广指标体系时指标的可操作性。

第三，权威性和典型性原则。

随着日益增长的城市安全韧性发展需求，增强城市灾害快速恢复能力以及风险应对能力的需求愈发迫切，若要对城市安全韧性水平进行相关研究，就必须对城市安全韧性进行科学、合理的评价，因为这对城市安全韧性建设的进一步决策和管理有着重要的参考意义，故而应当确保评价指标体系的权威性。选取统计路径一致的数据，即从官方渠道收集对应统计数据是极有必要的。在出现统计数据缺失或其他问题时，需通过如 SPSS 软件的回归方程等手段进行合理判断预估[55]。城市安全韧性评价指标体系的指标须有显著的典型性，应尽量反映出城市安全韧性的各种因素，但也应当要求指标数量不宜过多，假使指标数量过多可能会出现指标含义出现重复、部分数据因地方不同无法有效收集、数据分析难以得到结果等情况，最后导致无法得出结论。因此选取指标不能单方面追求数量，应对指标进行合理的归纳和总结[56]。

第四，系统性和完备性原则。

在选取城市安全韧性评价指标时，应当从要达到的具体目的以及各阶段相关韧性水平的界定出发，综合考虑城市安全韧性的各种影响因素。而且在选择指标时，不仅要考虑城市本身的安全韧性相关指标，还要考虑城市生态、经济和发展问题。与此同时，各项指标之间还要有一定的逻辑关系，不但需要保证每个指标有独自的作用，而且不相互重复[57]。

二、城市安全韧性初始评价指标的构建

1. 评价指标维度分析

指标体系的选择方向和界限通常通过维度或一级指标来进行体现，并且可以

反映评价的核心内容及其指标体系的构建框架。

通过对专家的调研和文献资料的查阅,本书认为城市安全韧性的内涵可以从3个方面解读:首先是城市相关人口受到灾害时提供基本生活保障的能力;其次为城市设施在应对灾害时维持城市基本运转的能力;最后是城市体系受灾前预防灾害的能力。因此,本书构建的城市安全韧性评价指标体系主要包括城市人员安全韧性、城市设施安全韧性、城市管理安全韧性这3方面,其构建的指标体系能够对城市安全韧性进行较为全面的评价,一级指标关系如图4-1所示。

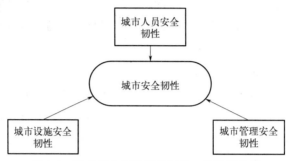

图 4-1 城市安全韧性评价初始一级指标关系

2. 初始评价指标体系的建立

本书在安全韧性城市指南以及相关文献提供的指标中,筛选出了较为成熟和认可度较高的指标,并分析提炼出了一套包括3个一级指标、10个二级指标和35个三级指标的安全韧性城市评价指标体系。具体各级指标详见表4-1。

表 4-1 初始指标体系

总目标	一级指标	二级指标	三级指标
城市安全韧性	城市人员安全韧性	人口基本属性	建成区常住人口密度
			城镇职工基本医疗保险水平
			暂住人口比例
			残疾人口比例
		社会参与准备	城市卫生技术人才储备水平
			医院数量水平
			社会组织单位水平
		安全感与安全文化	人身意外保险收入
			城市商业保险收入
			工伤保险覆盖人数

续表

总目标	一级指标	二级指标	三级指标
城市安全韧性	城市设施安全韧性	建筑工程	土地开发强度
			安全薄弱区域用地面积比例
			建筑业企业从业人员数
		交通设施	路网密度
			万人人均道路长度
			城市交通照明设施水平
		生命线工程设施	移动电话普及率
			接入固定宽带家庭数
			燃气供应设施水平
		监测预警设施	地震监测设施水平
			气象灾害监测预报预警信息公众覆盖率
			城市智能化管网密度
		应急保障设施	人均避难场所面积
			每万人救灾储备机构库房建筑面积
			万人医疗卫生机构床位数
			绿化覆盖率
	城市管理安全韧性	风险控制水平	每百万人口因灾死亡率
			年因灾直接经济损失占地区生产总值的比例
			甲乙类法定传染病死亡率
			万人火灾死亡率
			万人刑事案件发生率
			年受灾人数比例
		支撑保障投入	公共安全财政支出
			医疗卫生财政支出
			交通运输财政支出

3. 初始评价指标体系说明

对各种渠道的数据进行调查后，综合考虑各地区的区域差异，通过合理的调整手段或处理方法降低地理面积等对调查数据带来的影响，进而获得更为确切的评价结果（部分计算方式参考国家统计局和安全韧性城市指南），具体计算方式和指标说明如表 4-2 所示。

表 4-2　初始评价指标及说明

三级指标	单位	指标说明	指标类型
建成区常住人口密度	万人/平方公里	指建成区常住人口数与建成区面积比值；计算方式为：建成区常住人口数/建成区面积	正向
城镇职工基本医疗保险水平	万人	指按国家有关规定参加相应城镇职工基本医疗保险的人数	正向
暂住人口比例	%	指城市暂住人口数占城市人口总数百分比；计算方式为：城市暂住人口数/（城市常住人口总数＋城市暂住人口数）×100%	逆向
残疾人口比例	%	指残疾人口数占城市常住人口总数百分比；计算方式为：城市常住人口中残疾人人口数/城市常住人口总数×100%	逆向
城市卫生技术人才储备水平	人	指城市每万常住人口中卫生技术人员的数量	正向
医院数量水平	座/百平方公里	指医院数量与城市行政区域总面积的比值；计算方式为：医院数量/城市行政区域总面积	正向
社会组织单位水平	个	指一定时期内在城市中社会组织单位的数量	正向
人身意外保险收入	万元	指一定时期内城市人身意外保险收入	正向
城市商业保险收入	万元	指一定时期内城市商业险收入	正向
工伤保险覆盖人员数	万人	指一定时期内工伤保险年末参保人数	正向
土地开发强度	%	指城市建设用地面积占城市行政区域总面积比值；计算方式为：城市建设用地面积/城市行政区域总面积×100%	正向
安全薄弱区域用地面积比例	%	指安全薄弱区域用地面积占建成区建设用地面积百分比；计算方式为：安全薄弱区域用地面积/建成区建设用地面积×100%	逆向
建筑业企业从业人员数	万人	指一定时期内在城市中拥有的建筑业企业从业人员数	正向
路网密度	%	指市辖区道路面积与市辖区常住人口总数比值；计算方式为：市辖区道路面积/市辖区常住人口总数×100%	正向
万人人均道路长度	公里/万人	指城市每万常住人口拥有道路长度；计算方式为：道路长度/城市常住人口总数	正向

续表

三级指标	单位	指标说明	指标类型
城市交通照明设施水平	盏	指一定时期内在城市中的道路照明灯数量	正向
移动电话普及率	部/百人	指行政区域总人口中平均每百人拥有的移动电话数	正向
接入固定宽带家庭数	万户	指一定时期内在城市中拥有固定宽带的家庭数	正向
燃气供应设施水平	千米	指一定时期内城市天然气管道长度	正向
地震监测设施水平	座/万平方公里	指地震台数与城市行政区域总面积的比值;计算方式为:地震台数/城市行政区域总面积(万平方公里)	正向
气象灾害监测预报预警信息公众覆盖率	个/百平方公里	指自动气象站与城市行政区域总面积的比值;计算方式为:自动气象站/城市行政区域总面积(百平方公里)	正向
城市智能化管网密度	千米/平方公里	指光缆线路长度与城市行政区域总面积的比值;计算方式为:光缆线路长度/城市行政区域总面积	正向
人均避难场所面积	平方米/人	指城市应急避难场所面积与城市常住人口总数比值;计算方式为:城市应急避难场所面积(平方米)/城市常住人口总数(人)	正向
每万人救灾储备机构库房建筑面积	平方米/万人	指应急物资储备库面积与城市常住人口总数(万人)比值;计算方式为:应急物资储备库面积(平方米)/城市常住人口总数(万人)	正向
万人医疗卫生机构床位数	张/万人	指各类医疗卫生机构床位数与城市常住人口总数(万人)比值;计算方式为:各类医疗卫生机构床位数/城市常住人口总数	正向
绿化覆盖率	%	指城市建成区内全部绿化覆盖面积占城市建成区总面积百分比	正向
每百万人口因灾死亡率	%	指年因灾死亡人数与城市常住人口总数(百万)百分比;计算方式为:年因灾死亡人数/城市常住人口总数(百万)×100%	逆向
年因灾直接经济损失占地区生产总值的比例	%	指年因灾直接经济损失占地区生产总值的比例;计算方式为:年因灾直接经济损失/地区生产总值×100%	逆向
甲乙类法定传染病死亡率		指甲乙类法定传染病死亡人数与城市常住人口总数(十万人)比值;计算方式为:甲乙类法定传染病死亡人数/城市常住人口总数	逆向

续表

三级指标	单位	指标说明	指标类型
万人火灾死亡率	%	指年火灾死亡人数占城市常住人口总数（万人）百分比；计算方式为：年火灾死亡人数/城市常住人口总数×100%	逆向
万人刑事案件发生率		指年刑事案件发生数与城市常住人口总数（万人）比值；计算方式为：年刑事案件发生数/城市常住人口总数	逆向
年受灾人数比例	%	指城市年受灾人口数占城市常住人口总数比例；计算方式为：年受灾人口数/城市常住人口总数×100%	逆向
公共安全财政支出	亿元	指一定时期内城市公共安全财政支出	正向
医疗卫生财政支出	亿元	指一定时期内城市医疗卫生财政支出	正向
交通运输财政支出	亿元	指一定时期内城市交通运输财政支出	正向

第二节 城市安全韧性评价指标体系优化过程

一、基于问卷调查法的评价指标体系初步优化

筛选合理性较低的指标、优化指标间结构关系是确定核心指标后顺利构建指标体系的必要手段，适当优化会让整个指标体系更加具有合理性和科学性。在初步得到评价指标体系后，还需对各二级、三级指标进行判断和进一步的优化。前文评价体系中的35个三级指标还需对其实际性和典型性进一步判定。

本书运用专家调查法对城市安全韧性评价指标体系进行优化，确保问卷结果有效、合适。各界专家从不同领域视角，以独到经验、专业知识以及个人理解对城市安全韧性评价体系进行优化，确保了指标内容的不重复性、对评价体系的全覆盖以及评判过程中主、客观方法的适用性等方面。此次优化借助专家调查法进行更全面、更独立的综合测试。

此次优化采取专家问卷调查（详见附录A），主要邀请了来自政府部门、研究所、高校以及企业的20位相关专家进行面对面咨询访谈并填写了附录A相关内容。各界专家对《城市安全韧性评价体系调查表》的内容进行了主观和客观的判断，做出以下建议：

第一,专家们普遍认为3个一级指标较为可行,其涵盖了城市最为基本的安全韧性方面,具备独立性以及全面性,但需要加强对指标是否合乎逻辑、概念是否具有典型性的判断。

第二,专家们还对评价体系中的三级指标进行了合理分析,同时进一步论证了二级指标的切实性。对得到的专家调查表数据结果分析统计,形成了城市安全韧性评价指标专家筛选表,如表4-3所示。

表 4-3 城市安全韧性评价指标专家筛选表

序号	三级指标名称	选择数量
1	建成区常住人口密度	17
2	城镇职工基本医疗保险水平	12
3	暂住人口比例	14
4	残疾人口比例	建议删除
5	城市卫生技术人才储备水平	19
6	医院数量水平	16
7	社会组织单位水平	13
8	人身意外保险收入	15
9	城市商业保险收入	12
10	工伤保险覆盖人员数	15
11	土地开发强度	15
12	安全薄弱区域用地面积比例	14
13	建筑业企业从业人员数	9
14	路网密度	16
15	万人人均道路长度	建议删除
16	城市交通照明设施水平	9
17	移动电话普及率	12
18	接入固定宽带家庭数	15
19	燃气供应设施水平	18
20	地震监测设施水平	17
21	气象灾害监测预报预警信息公众覆盖率	19
22	城市智能化管网密度	10
23	人均避难场所面积	17
24	每万人救灾储备机构库房建筑面积	16
25	万人医疗卫生机构床位数	18

续表

序号	三级指标名称	选择数量
26	绿化覆盖率	14
27	每百万人口因灾死亡率	18
28	年因灾直接经济损失占地区生产总值的比例	18
29	甲乙类法定传染病死亡率	建议删除
30	万人火灾死亡率	建议删除
31	万人刑事案件发生率	建议删除
32	年受灾人数比例	16
33	公共安全财政支出	12
34	医疗卫生财政支出	13
35	交通运输财政支出	13

第三，对于一级指标"城市人口安全韧性"，二级指标"人口基本属性"下的"残疾人口比例"这个三级指标虽然属于人口安全韧性的范畴，但残疾人口界定范围太广，这会对评价结果产生较大干扰，因此建议删除这个三级指标。

第四，对于一级指标"城市设施安全韧性"，二级指标"交通设施"下的"万人人均道路长度"这个三级指标与同为三级指标的"路网密度"性质相似，因此专家建议删除这个指标。

第五，对于一级指标"城市管理安全韧性"，二级指标"风险控制水平"下的"甲乙类法定传染病死亡率"、"万人火灾死亡率"和"万人刑事案件发生率"3个三级指标基于经验考虑，可能会缺少部分年份或部分地区的相关数据，同时重要程度在整个城市安全韧性指标体系中较低，建议考虑删除。

第六，最后形成以3个一级指标，10个二级指标以及30个三级指标组成的城市安全韧性评价指标体系，如表4-4所示。

表4-4 城市安全韧性评价指标体系调整表

总目标	一级指标	二级指标	三级指标
城市安全韧性（A）	城市人员安全韧性（B1）	人口基本属性（C1）	建成区常住人口密度（D1）
			城镇职工基本医疗保险水平（D2）
			暂住人口比例（D3）
		社会参与准备（C2）	城市卫生技术人才储备水平（D4）
			医院数量水平（D5）
			社会组织单位水平（D6）

续表

总目标	一级指标	二级指标	三级指标
城市安全韧性（A）	城市人员安全韧性（B1）	安全感与安全文化（C3）	人身意外保险收入（D7）
			城市商业保险收入（D8）
			工伤保险覆盖人员数（D9）
	城市设施安全韧性（B2）	建筑工程（C4）	土地开发强度（D10）
			安全薄弱区域用地面积比例（D11）
			建筑业企业从业人员数（D12）
		交通设施（C5）	路网密度（D13）
			城市交通照明设施水平（D14）
		生命线工程设施（C6）	移动电话普及率（D15）
			接入固定宽带家庭数（D16）
			燃气供应设施水平（D17）
		监测预警设施（C7）	地震监测设施水平（D18）
			气象灾害监测预报预警信息公众覆盖率（D19）
			城市智能化管网密度（D20）
		应急保障设施（C8）	人均避难场所面积（D21）
			每万人救灾储备机构库房建筑面积（D22）
			万人医疗卫生机构床位数（D23）
			绿化覆盖率（D24）
	城市管理安全韧性（B3）	风险控制水平（C9）	每百万人口因灾死亡率（D25）
			年因灾直接经济损失占地区生产总值的比例（D26）
			年受灾人数比例（D27）
		支撑保障投入（C10）	公共安全财政支出（D28）
			医疗卫生财政支出（D29）
			交通运输财政支出（D30）

二、基于因子分析法的评价指标体系合理性分析

通过相关优化分别对安全韧性城市评价指标体系的一级指标合理性、三级指标合理性进行了论证，但二级指标能否合理地包含其对应的三级指标还需进一步论证分析。故本轮分析采用因子分析法的方式进行。

本次分析的原始数据获取方式同样通过专家调查法获取。以专家调查问卷对各三级指标对于城市安全韧性的重要性进行评判，从而作为初始数据提

炼出相应数量的公共因子,并验证公共因子数量与一级指标数量是否相同以及各公共因子内部所对应的三级指标与各二级指标下对应的各三级指标是否相同。

本次研究采取定向发布网络问卷与现场调查问卷的方式进行,问卷分值采用李克特5级量表的形式,问卷形式详见附录B。本研究通过将调查问卷定向发放至政府工作人员、各界专家人士以及高校科研人员,实现调查问卷的权威性和严谨性。

本次问卷调查的调查时间持续约65天,调查问卷发放情况详见表4-5。

表4-5 调查问卷数量统计

发放方式	发放数量	回收数量	有效问卷数量	回收率	有效率
现场发放	50	49	44	98.00%	88.00%
网络发放	150	91	79	60.67%	52.67%
合计	200	140	123	70.00%	61.50%

本次问卷调查合计有效率为61.50%,满足有效问卷须达到40%有效率的要求,故本次调查问卷具有一定研究意义。

信度检验和效度检验是基于问卷调查验证指标是否符合要求的相应方法。信度检验需要运用相关方法测试调查数据是否具有一致性,而效度检验要对指标体系各层次间大小关系进行测试,并以调查问卷的形式得到结果。本书运用SPSS软件中的因子分析法对指标数据进行分析,首先需要对体系因子做适当处理,通过主成分分析法完成;然后借助方差最大正交法进行因子旋转。

本书对信度的检验需要通过Alpha系数进行分析,而第一步是运用KMO值检验指标体系,具体KMO值能否适宜进行因子分析见表4-6。

表4-6 KMO值范围影响

KMO值	是否适宜进行因子分析
<0.5	不宜进行因子分析
0.5~0.6	勉强适宜进行因子分析
0.6~0.7	不太适宜进行因子分析
0.7~0.8	适宜进行因子分析
0.8~0.9	很适宜进行因子分析
>0.9	非常适宜进行因子分析

巴特利特球体要求显著性数值小于0.01。本书的效度检验以SPSS软件中Cronbach的Alpha系数来检验,如果Alpha系数值大于0.8,则表明信度高;

假如 Alpha 系数值介于 0.7~0.8 之间，则表明信度较好；若 Alpha 系数介于 0.6~0.7 之间，表明信度能够接受；若 Alpha 系数小于 0.6，则表明信度不佳[58]。对调查数据进行效度检验需通过因子分析来对指标体系结构实现评估，具体包括：首先借助主成分分析法提取指标因子，再对相关性强的变量提取，实现三级指标降维，并验证降维提取的公因子与本书的一级指标是否具有一致性，进而达到验证一级指标合理性的目的。

1. 一级指标"城市人员安全韧性"数据因子分析

将一级指标"城市人员安全韧性"下各三级指标的相应重要性评价数据整理输入 SPSS 软件中，软件计算得出的 KMO 测度和巴特利特球体检验结果如表 4-7 所示。

表 4-7　"城市人员安全韧性"KMO 测度和巴特利特球体检验结果

KMO 和巴特利特球体检验		
KMO 取样适切性量数		0.849
巴特利特球形度检验	近似卡方	163.971
	自由度	36
	显著性	0.000

根据表 4-7 中的数据可得出城市设施安全韧性的 KMO 值为 0.849，显著性为 0，满足上文相关要求，可以说明本数据很适宜因子分析。通过适当旋转将数据矩阵转化为因子负载矩阵，形成的一级指标"城市人员安全韧性"数据因子分析表如表 4-8 所示。

表 4-8　"城市人员安全韧性"数据因子分析

因子	项目内容	因子负载值矩阵			Alpha	解释变异 /%
		1	2	3		
F1	建成区常住人口密度(D1)	0.184	0.318	0.898	0.700	33.437
	城镇职工基本医疗保险水平(D2)	0.673	0.280	0.507		
	暂住人口比例(D3)	0.759	0.019	0.320		
F2	城市卫生技术人才储备水平(D4)	0.661	0.361	0.138	0.669	25.600
	医院数量水平(D5)	0.894	0.243	0.004		
	社会组织单位水平(D6)	0.544	0.623	0.149		
F3	人身意外保险收入(D7)	0.341	0.779	0.242	0.874	16.269
	城市商业保险收入(D8)	0.061	0.853	0.213		
	工伤保险覆盖人员数(D9)	0.542	0.460	0.391		

由表 4-8 可得公因子 F1、F2、F3，其 Alpha 系数分别为 0.700、0.669、0.874，均大于 0.6，具有较高一致性，表明内部结构较为良好。三个公因子的累计方差解释变异值为 75.31%，大于 50%，说明其信息量能够有效提炼出来，结果表明这三个公因子能够较好地反映二级指标下的 9 个变量。公因子 F1、F2、F3 分别与二级指标"人口基本属性"、"社会参与准备"和"安全感与安全文化"一一对应，能够较好代表这 9 个三级指标。

2. 一级指标"城市设施安全韧性"数据因子分析

将一级指标"城市设施安全韧性"下各三级指标的相应重要性评价数据整理输入 SPSS 软件中，软件计算得出的 KMO 测度和巴特利特球体检验结果如表 4-9 所示。

表 4-9 "城市设施安全韧性"KMO 测度和巴特利特球体检验结果

KMO 和巴特利特球体检验		
KMO 取样适切性量数		0.755
巴特利特球形度检验	近似卡方	388.413
	自由度	105
	显著性	0.000

根据表 4-9 中数据可得出城市设施安全韧性的 KMO 值为 0.755，显著性为 0，满足上文相关要求，可以说明本数据适宜因子分析。通过适当旋转将数据矩阵转化为因子负载矩阵，形成的一级指标"城市设施安全韧性"数据因子分析表如表 4-10 所示。

表 4-10 "城市设施安全韧性"数据因子分析

因子	项目内容	因子负载值矩阵			Alpha	解释变异/%
		1	2	3		
F1	土地开发强度(D10)	0.123	0.099	0.888	0.859	28.486
	安全薄弱区域用地面积比例(D11)	0.142	0.448	0.683		
	建筑业企业从业人员数(D12)	0.487	0.549	0.268		
F2	路网密度(D13)	0.848	0.161	0.289	0.869	15.837
	城市交通照明设施水平(D14)	0.036	0.833	0.100		
F3	移动电话普及率(D15)	0.411	0.628	0.149	0.881	13.113
	接入固定宽带家庭数(D16)	0.567	0.636	0.152		
	燃气供应设施水平(D17)	0.684	0.531	0.112		

续表

因子	项目内容	因子负载值矩阵			Alpha	解释变异/%
		1	2	3		
F4	地震监测设施水平(D18)	0.800	0.279	0.295	0.770	11.731
	气象灾害监测预报预警信息公众覆盖率(D19)	0.674	0.604	0.009		
	城市智能化管网密度(D20)	0.382	0.600	0.074		
F5	人均避难场所面积(D21)	0.391	0.599	0.223	0.767	11.111
	每万人救灾储备机构库房建筑面积(D22)	0.732	0.307	0.263		
	万人医疗卫生机构床位数(D23)	0.559	0.646	0.056		
	绿化覆盖率(D24)	0.278	0.014	0.786		

由表 4-10 可得公因子 F1、F2、F3、F4、F5，其 Alpha 系数依次为 0.859、0.869、0.881、0.770、0.767，符合大于 0.7 的要求，具有较高一致性，表明内部结构较为良好。五个公因子的累计方差解释变异值为 80.28%，大于 50%，说明其信息量能够有效提炼出来，结果表明这五个公因子能够较好地反映对应的 15 个变量。五个公因子分别与二级指标"建筑工程""交通设施""生命线工程设施""监测预警设施""应急保障设施"一一对应，能够较好代表原来 15 个三级指标。

3. 一级指标"城市管理安全韧性"数据因子分析

将一级指标"城市管理安全韧性"下各三级指标的相应重要性评价数据整理输入 SPSS 软件中，软件计算得出的 KMO 测度和巴特利特球体检验结果如表 4-11 所示。

表 4-11　"城市管理安全韧性"KMO 测度和巴特利特球体检验结果

KMO 和巴特利特球体检验		
KMO 取样适切性量数		0.866
巴特利特球形度检验	近似卡方	127.75
	自由度	15
	显著性	0.000

根据表 4-11 中数据可得出城市管理安全韧性的 KMO 值为 0.866，显著性为 0，满足上文相关要求，可以说明本数据适宜因子分析。通过适当旋转将数据矩阵转化为因子负载矩阵，形成的一级指标"城市管理安全韧性"数据因子分析表

如表 4-12 所示。

表 4-12 "城市管理安全韧性"数据因子分析

因子	项目内容	因子负载值矩阵			Alpha	解释变异/%
		1	2	3		
F1	每百万人口因灾死亡率(D25)	0.517	0.316	0.675	0.861	32.727
	年因灾直接经济损失占地区生产总值的比例(D26)	0.144	0.259	0.913		
	年受灾人数比例(D27)	0.276	0.854	0.339		
F2	公共安全财政支出(D28)	0.811	0.445	0.091	0.872	27.804
	医疗卫生财政支出(D29)	0.495	0.722	0.279		
	交通运输财政支出(D30)	0.834	0.230	0.376		

由表 4-12 数据得到两个公因子 F1、F2，其内部 Alpha 系数分别为 0.861、0.872，均大于 0.8，具有较高一致性。公因子 F1、F2 内的累计方差解释变异值为 60.53%，大于 50%，说明其信息量能够有效提炼出来，结果表明这两个公因子能够较好地反映二级指标下的 6 个变量。公因子 F1、F2 分别与二级指标"风险控制水平"和"支撑保障投入"一一对应，能够较好代表原来 6 个三级指标。

通过 SPSS 软件对城市安全韧性评价指标体系进行了信度效度检验，因子分析结果表明本指标体系具有较高一致性、合理的内部结构以及联系较为紧密的上下级指标之间关系。

本章小结

本章主要介绍了城市安全韧性评价指标体系的构建过程，该指标体系的构建遵循科学性和客观性、定量化和实用性、权威性和典型性、系统性和完备性等原则，从城市人员安全韧性、城市设施安全韧性、城市管理安全韧性这三个维度分析提炼出 10 个二级指标，35 个三级指标的安全韧性城市评价指标体系。通过问卷调查法和因子分析法进行指标体系优化，最终确定了一套适用于智慧城市的安全韧性评价指标体系。

第五章

智慧城市安全韧性评价与时空演化的理论方法

第一节 评价的理论方法

一、评价方法的选择

目前对于评价而言常用的方法主要有模糊综合评价法、层次分析法、ANP网络分析法、物元模型、蒙特卡罗方法、突变级数法等几种。模糊综合评价法是运用模糊隶属度原理将定性问题定量化，运用最大模糊隶属度对有多个因素影响的目标进行评价。层次分析法可以运用于分析一个复杂系统，将定性与定量分析结合起来，用决策者的经验判断各衡量目标能否实现的标准之间的相对重要程度，并合理地给出每个决策方案的每个标准的权数，利用权数求出各方案的优劣次序，能够比较有效地解决多目标的复杂问题。ANP网络分析法在层次分析法的基础之上采用相对标度的形式，是一种适应非独立的递阶层次结构的决策方法，考虑了各因素或相邻层次之间的相互影响，能够推出跨层次之间的相互关系。物元模型主要遵循的是最大限度满足占主要地位的系统的原则，通过运用系统物源变换、结构调整等方式，处理系统中不相容的问题，进而进行评价。蒙特卡罗方法也称为统计模拟方法，将所求解的问题同一定的概率模型相联系，用电子计算机实现统计模拟或抽样，以获得问题的近似解。突变级数法结合模糊数学通过分析其系统状态从稳定到不稳定来对整个体系做出相应评价，通过其突变阈值大小来反映系统的稳定状态，进而做出评价。

将以上几种方法的优缺点及其适用范围总结如表 5-1 所示。

表 5-1　评价方法对比

评价方法	优点	缺点	适用范围
模糊综合评价法	结果清晰，系统性强，将定性指标转化为定量指标	隶属度变化时，对其评价结果改变的波动性利用不够，尤其是在评价过程中存在较大的主观性	影响因素的性质及活动难以量化的评价
层次分析法	将定性指标转化为定量指标	未能考虑到不同决策层或同一层次之间的相互影响	各因素之间、各层级之间没有交叉作用
ANP 网络分析法	灵活性较强，将各因素以及各因素的上层因素间的依赖性均加以考虑	在复杂决策过程中运用较为麻烦	运算强度小且风险评价问题相对确定
物元模型	指标灵活，过程简单，结果更系统精细	指标必须为相对确定的值	指标确定的多个评价对象的多个阶段评价
蒙特卡罗方法	误差与问题不受维度数量影响；具有统计性质问题可直接解决；连续性的问题不必进行离散化处理	无法全面反映项目风险因素之间的相互影响关系；对于确定性问题需要转化成随机性问题	评价问题相对单纯而确定
突变级数法	可用于分析影响因素复杂、产生突变点不明确的指标体系；不过度依赖权重	由于其模型特点，对风险等级区间的界定较为困难	研究内部结构复杂或内部因素相互作用机理未知的系统

突变级数法由于其评价应用性强，评价结果清晰等特点被广泛应用于各领域评价中，本书选用突变级数法作为评价方法主要有以下优势：

第一，城市作为一个复杂巨系统，具有环境、社会、经济等诸多子系统，各个子系统间相互作用、相互影响，具有整体性、复杂性的特点。而突变级数法擅长处理多指标的综合评价问题，能够较好完成安全韧性城市的评价模型的构建。

第二，突变级数法无需为评价指标设定权重，仅需对评价指标的相对重要程度进行排序，这有效避免了人员主观因素的干扰，使得分析过程和结果更客观。此外，突变级数法还考虑了各指标之间的关联性，从产生突变阈值高低的角度确定其系统稳定性，能够做出更为准确的评价。

第三，在安全韧性城市评价中，以城市作为一个系统，城市受到冲击时会产生突变，该过程符合突变级数法的使用原理。并且突变级数法的原理清晰，操作简洁明了，能够较好解决安全韧性城市评价问题。

第四，突变模型具备滞后性，与城市系统受到冲击后的变化过程相吻合。安全韧性城市受到冲击后的变化并非直线式，而是在冲击累积到一定程度后，城市系统才会产生突然的变化，该种变化具备一定的滞后性，与突变模型的特点相匹配。

二、突变理论的基本原理

1. 突变理论

突变理论研究的是系统状态的变态与跳跃，是研究不连续现象的一个新兴数学分支。以往人们常使用微分方程模型来描述自然现象，但微分方程只适宜描述连续变化现象，不适宜描述不连续现象，而突变模型能够较好地研究突变现象，是研究系统序演化的有力数学工具。突变理论用形象的数学模型来描述连续性行动突然中断导致质变的过程，其构建的函数模型通常被称为势函数，各个势函数能够反映各个系统的状态。

任何一个动态系统都可以用势函数表示系统具有某种趋向的能力。势是由系统各个组成部分的相互关系、相互作用以及系统与外部环境的相对关系决定的，突变论把系统势函数的变量分为两类：一类是系统的行为变量或状态变量，即系统的内部变量；另一类是控制变量，即系统的外部变量。一般而言系统初始处于一个较为稳定、变化平缓的状态，该阶段的势函数有且只有一个极值，系统的状态呈连续光滑的变化。随着内部变量和控制变量不断变化，势函数连续光滑的曲线会产生转折点，对应会产生两个及以上的极值点，这种变化代表着系统由稳定状态转变为不稳定状态。在系统产生该种不连续变化现象后，可运用突变理论对产生突变前后的变量参数区间进行分析，探究产生此突变的原因。对于两种变量的主导关系，法国数学家勒内·托姆在对势函数进行了推导后提出以下 8 种较为常见的突变函数模型，见表 5-2。

表 5-2 基本初等突变函数模型

突变类型	状态变量数	控制变量数	势函数
折叠突变	1	1	$F(x)=x^3+ax$
尖点突变	1	2	$F(x)=x^4+ax^2+bx$
燕尾突变	1	3	$F(x)=x^5+ax^3+bx^2+cx$
蝴蝶突变	1	4	$F(x)=x^6+ax^4+bx^3+cx^2+dx$
棚屋突变	1	5	$F(x)=x^7+ax^5+bx^4+cx^3+dx^2+ex$
双曲脐点突变	2	3	$F(x,y)=x^3+y^3+axy-bx+cy$

续表

突变类型	状态变量数	控制变量数	势函数
椭圆脐点突变	2	3	$F(x,y)=\frac{1}{3}x^3-xy^2+a(x^2+y^2)-bx$
抛物脐点突变	2	4	$F(x,y)=y^4+x^2y+wx^2+ay^2-bx$

安全韧性城市评价指标体系的各层指标对应的上级指标均只有 1 个，且模型应与指标体系的结构相对应，因此本书适合运用的函数模型为尖点突变模型、燕尾突变模型、蝴蝶突变模型、棚屋突变模型 4 种突变模型。

(1) 尖点突变

尖点突变是 8 种基本初等突变函数模型中最为常见的一种，其描述的是存在 1 个状态变量、2 个控制变量的突变模型，由表 5-2 知其势函数表达式为：

$$F(x)=x^4+ax^2+bx \tag{5-1}$$

式中，x 为状态变量；a、b 为控制变量；$F(x)$ 表示系统状态，也表示状态变量为 x 时整个系统的势能状况。对式(5-1)求导得其导函数方程，使导函数方程等于零即得到尖点突变模型的临界点方程，也称作平衡曲面方程，其表达式为：

$$U=F'(x)=4x^3+2ax+b=0 \tag{5-2}$$

以本书构建指标体系中的部分指标为例，一级指标"城市管理安全韧性(B3)"与二级指标"风险控制水平（C9）""支撑保障投入（C10）"之间的模型关系即可对应为突变理论中的尖点模型。式(5-2)中 x 表示状态变量"城市管理安全韧性（B3）"的状态参数，若指标权重大小关系为："风险控制水平（C9）"＞"支撑保障投入（C10）"，则 a、b 分别表示控制变量"风险控制水平（C9）"及"支撑保障投入（C10）"的状态参数。

对式(5-1)求二阶导并使其等于零即可得到奇点集方程，其表达式为：

$$S=F''(x)=12x^2+2a=0 \tag{5-3}$$

式中各字母含义与式(5-2)相同，将式(5-2)与式(5-3)联立消除 x 即可得到突变模型的分歧点集方程，其表达式为：

$$\begin{cases} a=-6x^2 \\ b=8x^3 \end{cases} \tag{5-4}$$

式(5-4)表示当控制变量 a、b 满足此公式，即"风险控制水平（C9）"及"支撑保障投入（C10）"的状态参数满足此公式时，系统状态会从稳定突变为不稳定状。

(2) 燕尾突变

燕尾突变模型为包含 1 个状态变量，3 个控制变量的突变模型，由表 5-2 可知燕尾突变的势函数表达式为：

$$F(x)=x^5+ax^3+bx^2+cx \tag{5-5}$$

式中，x 为状态变量；a、b、c 为控制变量；$F(x)$ 表示系统状态，也表示状态变量为 x 时整个系统的势能状况。对式(5-5)求导得其导函数方程，使导函数方程等于零即得到燕尾突变模型的临界点方程，也称作平衡超曲面方程，其表达式为：

$$U=F'(x)=5x^4+3ax^2+2bx+c=0 \tag{5-6}$$

以本书构建指标体系中的部分指标为例，二级指标"人口基本属性（C1）"与三级指标"建成区常住人口密度（D1）""城镇职工基本医疗保险水平（D2）""暂住人口比例（D3）"之间的模型关系即可对应为突变理论中的燕尾模型。式(5-6)中 x 表示状态变量"人口基本属性（C1）"的状态参数，若指标权重大小关系为："建成区常住人口密度（D1）"＞"城镇职工基本医疗保险水平（D2）"＞"暂住人口比例（D3）"，则 a、b、c 分别表示控制变量"建成区常住人口密度（D1）"、"城镇职工基本医疗保险水平（D2）"及"暂住人口比例（D3）"的状态参数。

对式(5-5)求二阶导并使其等于零即可得到奇点集方程，其表达式为：

$$S=F''(x)=20x^3+6ax+2b=0 \tag{5-7}$$

式中各字母含义与式(5-6)相同，对式(5-5)求三阶导再与式(5-7)、式(5-6)联立消除 x 即可得到突变模型的分歧点集方程，其表达式为：

$$\begin{cases} a=-10x^2 \\ b=20x^3 \\ c=-15x^4 \end{cases} \tag{5-8}$$

式(5-8)表示当控制变量 a、b、c 满足此公式，即"建成区常住人口密度（D1）""城镇职工基本医疗保险水平（D2）""暂住人口比例（D3）"的状态参数满足此公式时，系统状态会从稳定突变为不稳定。

(3) 蝴蝶突变

蝴蝶突变模型为包含 1 个状态变量，4 个控制变量的突变模型，由表 5-2 可知蝴蝶突变的势函数表达式为：

$$F(x)=x^6+ax^4+bx^3+cx^2+dx \tag{5-9}$$

式中，x 为状态变量；a、b、c、d 为控制变量；$F(x)$ 表示系统状态，也

表示状态变量为 x 时整个系统的势能状况。

对式(5-9)求导得其导函数方程，使导函数方程等于零即得到蝴蝶突变模型的临界点方程，也称作平衡超曲面方程，其表达式为：

$$U=F'(x)=6x^5+4ax^3+3bx^2+2cx+d=0 \qquad (5-10)$$

以本书构建指标体系中的部分指标为例，二级指标"应急保障设施（C8）"与三级指标"人均避难场所面积（D21）""每万人救灾储备机构库房建筑面积（D22）""万人医疗卫生机构床位数（D23）""绿化覆盖率（D24）"之间的模型关系即可对应为突变理论中的蝴蝶模型。式(5-10)中 x 表示状态变量"应急保障设施（C8）"的状态参数，若指标权重大小关系为："人均避难场所面积（D21）">"每万人救灾储备机构库房建筑面积（D22）">"万人医疗卫生机构床位数（D23）">"绿化覆盖率（D24）"，则根据突变级数计算方式，控制变量 a、b、c、d 与二级指标"应急保障设施（C8）"下的三级指标按照其权重从大到小依次对应，因此 a、b、c、d 分别表示控制变量"人均避难场所面积（D21）""每万人救灾储备机构库房建筑面积（D22）""万人医疗卫生机构床位数（D23）""绿化覆盖率（D24）"的状态参数。

对式(5-10)求二阶导并使其等于零即可得到奇点集方程，其表达式为：

$$S=F''(x)=30x^4+12ax^2+6bx+2c=0 \qquad (5-11)$$

式中各字母含义与式(5-9)相同，对式(5-9)求三阶导、四阶导再与式(5-11)、式(5-10)联立消除 x 即可得到突变模型的分歧点集方程，其表达式为：

$$\begin{cases} a=-15x^2 \\ b=40x^3 \\ c=-45x^4 \\ d=-24x^5 \end{cases} \qquad (5-12)$$

式(5-12)表示当控制变量 a、b、c、d 满足此公式，即"人均避难场所面积（D21）""每万人救灾储备机构库房建筑面积（D22）""万人医疗卫生机构床位数（D23）""绿化覆盖率（D24）"的状态参数满足此公式时，系统状态会从稳定突变为不稳定。

（4）棚屋突变

棚屋突变模型为包含1个状态变量，5个控制变量的突变模型，由表5-2可知棚屋突变的势函数表达式为：

$$F(x)=x^7+ax^5+bx^4+cx^3+dx^2+ex \tag{5-13}$$

式(5-13)中，x 为状态变量，a、b、c、d、e 为控制变量，$F(x)$ 表示系统状态，也表示状态变量为 x 时整个系统的势能状况。

对式(5-13)求导得其导函数方程，使导函数方程等于零即得到棚屋突变模型的临界点方程，也称作平衡超曲面方程，其表达式为：

$$U=F'(x)=7x^6+5ax^4+4bx^3+3cx^2+2dx+e=0 \tag{5-14}$$

以本书构建指标体系中的部分指标为例，一级指标"城市设施安全韧性（B2）"与二级指标"建筑工程（C4）""交通设施（C5）""生命线工程设施（C6）""监测预警设施（C7）""应急保障设施（C8）"之间的模型关系即可对应为突变理论中的棚屋模型。式(5-13)中 x 表示状态变量"城市设施安全韧性（B2）"的状态参数，若指标权重大小关系为："建筑工程（C4）"＞"交通设施（C5）"＞"生命线工程设施（C6）"＞"监测预警设施（C7）"＞"应急保障设施（C8）"，则根据突变级数计算方式，控制变量 a、b、c、d、e 与一级指标"城市设施安全韧性（B2）"下的二级指标按照其权重从大到小依次对应，因此 a、b、c、d、e 分别表示控制变量"建筑工程（C4）""交通设施（C5）""生命线工程设施（C6）""监测预警设施（C7）""应急保障设施（C8）"的状态参数。

对式(5-13)求二阶导并使其等于零即可得到奇点集方程，其表达式为：

$$S=F''(x)=42x^5+20ax^3+12bx^2+6cx+2d=0 \tag{5-15}$$

式中各字母所代表内容与式(5-14)相同，对式(5-13)求三阶导、四阶导、五阶导再与式(5-15)、式(5-14)联立消除 x 即可得到突变模型的分歧点集方程，其表达式为：

$$\begin{cases} a=-21x^2 \\ b=70x^3 \\ c=-105x^4 \\ d=84x^5 \\ e=-35x^6 \end{cases} \tag{5-16}$$

式(5-16)表示当控制变量 a、b、c、d、e 满足此公式，即"建筑工程（C4）""交通设施（C5）""生命线工程设施（C6）""监测预警设施（C7）"以及"应急保障设施（C8）"的状态参数满足此公式时，系统状态会从稳定突变为不稳定。

2. 层次分析法基本原理

本次分析选取层次分析法进行指标权重的研究，首先是由于层次分析法所具备的系统性、灵活性、实用性等特性适用于安全韧性城市评价指标权重的确定，其次是由于可运用层次分析法对特征进行主观定性，能够很好地将专家的思维过程数学化、系统化。

其基本思路是先分解后综合，整理和综合人们的主观判断，将定性和定量分析结合，实现定量化的决策。运用层次分析法确定安全韧性城市评价指标权重的基本步骤如下：

① 构建层次模型。通过分析评价对象，将评价对象分解为多个层次，构建出层次结构模型。本书层次结构模型即为前面确定的安全韧性城市评价指标体系，最高层为目标层，即安全韧性城市建设；准则层为一级指标；方案层为二级指标。

② 形成判断矩阵。通过专家对各级指标内部的重要性比较打分形成相应的判断矩阵。

③ 计算最终权重。计算判断矩阵的特征根及特征向量，其中其特征向量即为对应排序的各指标权重。此外还需检验判断矩阵的一致性是否能达到要求，主要通过特征根的随机一致性检验来完成，一般要求一致性比例应小于0.1，若大于0.1则不能通过一致性检验，需重新计算判断矩阵直至一致性比率满足要求。

三、构建城市安全韧性评价模型

1. 获取及处理数据

（1）数据获取

在本部分以安全韧性城市评价指标体系作为基础，通过国家统计局、各省统计局、各省城市建设统计年鉴和卫生统计年鉴等官方渠道收集西部地区的相关数据，作为西部地区安全韧性城市评价的初始数据。为了避免地区间人口和区域面积对评价结果的影响，需要对获取的初始数据进行预处理，保障数据的真实性，并进行筛选整理，保障数据的可靠性。

（2）数据处理

由于构建的安全韧性城市评价指标体系各个指标的计算方法存在差异，正向指标与负向指标对数据的要求不同，所以需要先对数据进行规范化处理，采用极差变换法将各种类型的指标无量纲化，使得最后得到的数据具有可比性，以此来保障评价结果的真实性与可比性。

具体的极差变换法还分为两类,针对正向指标对应的数据,可按以下公式进行处理:

$$y_j = \frac{x_j - x_{\min}}{x_{\max} - x_{\min}} \tag{5-17}$$

针对逆向指标对应的数据,可按以下公式进行处理:

$$y_j = \frac{x_{\max} - x_j}{x_{\max} - x_{\min}} \tag{5-18}$$

针对区间最优型指标对应的数据,可以按以下公式进行处理:

$$y_j = \begin{cases} 1 - \dfrac{a - x_j}{a - x_{\min}}, (x_{\min} \leqslant x_j < a) \\ 1, (a \leqslant x_j \leqslant b) \\ 1 - \dfrac{x_j - b}{x_{\max} - b}, (b < x_j \leqslant x_{\max}) \end{cases} \tag{5-19}$$

式中,x_j 为原始指标值;$x_{\max}$ 为指标的最大值;$x_{\min}$ 为指标的最小值;y_j 为经变换后的指标值。最优区间为 $[a, b]$。

2. 计算指标权重

指标权重需应用于整个评价过程,既要保证权重确定的系统性,又要保证权重确定方法与综合评价模型的契合度,因此在指标的权重计算上选用层次分析法。前文构建的安全韧性城市评价指标体系已实现层次化,目前仅需根据从目标层到要素层依次对应指标体系结构建立层次模型进行指标权重的确定即可。层次分析模型的构建主要为以下几个步骤:

(1) 以安全韧性城市评价影响因素为集合元素组成一个评价因素集 U:

$$U = \{u_1, u_2, \cdots, u_m\}$$

各元素 $u_i (i = 1, 2, \cdots, m)$ 代表各影响因素。例如,本书中有 30 个三级指标,指标"建成区常住人口密度(D1)"对应 u_1,"城镇职工基本医疗保险水平(D2)"对应 u_2,…,"交通运输财政支出(D30)"对应 u_{30}。

(2) 构建安全韧性城市评价指标的评价集,即由确定安全韧性城市的专家对评判对象的重要性做出的评判结果组成集合 V:

$$V = \{v_1, v_2, \cdots, v_n\}$$

各元素 $v_i (i = 1, 2, \cdots, n)$ 代表各评判结果。

(3) 运用层次分析法计算各评价指标权重,建立权重集。

① 本文研究目标之间重要性不存在强烈重要和极端重要两种状况,因此指

标间的重要度评判仅选用 1~5 标度法即可满足本文构建判断矩阵的需要，重要性描述分值表及判断矩阵如表 5-3、表 5-4 所示。

表 5-3 重要性描述分值

分值 a_{ij}	定义
1	因素 i 与因素 j 重要程度相同
3	因素 i 与因素 j 相比稍重要
5	因素 i 与因素 j 相比明显重要
2,4	相邻重要值的中间量
各分值倒数	因素 j 与因素 i 的评判数值为因素 i 与因素 j 评判数值的倒数

表 5-4 两两判断矩阵

判断矩阵	A_1	A_2	...	A_n
B_1	B_1/A_1	B_1/A_2	...	B_1/A_n
B_2	B_2/A_1	B_2/A_2	...	B_2/A_n
...	...	...	...	...
B_n	B_n/A_1	B_n/A_2	...	B_n/A_n

② 计算评价指标的相对权重。

首先，求判断矩阵每行所有元素的几何平均值 $\overline{w_i}$：

$$\overline{w_i} = \sqrt[n]{\prod_{i=j}^{n} a_{ij}} \tag{5-20}$$

式中每一行的 $\prod_{i=j}^{n} a_{ij}$ 是每一行各元素相乘的积。

其次，将 $\overline{w_i}$ 进行归一化处理，得出 w_i：

$$w_i = \frac{\overline{w_i}}{\sum_{i=1}^{n} \overline{w_i}} \tag{5-21}$$

最后，通过下列公式运算得到最大特征值 $\lambda_{\max}$：

$$\lambda_{\max} = \frac{1}{n} \sum_{i=1}^{n} \frac{(Aw)_i}{w_i} \tag{5-22}$$

公式中 $(Aw)_i$ 表示向量 (Aw) 的第 i 个元素。

③ 计算一致性比率 CI，其计算公式为：

$$CI = \frac{\lambda_{\max} - n}{n - 1} \tag{5-23}$$

式中，n 为判断矩阵阶数，其对应的 n 阶判断矩阵的随机一致性指标 RI 可由表 5-5 查得,并以公式 $CR=CI/RI$ 计算一致性比率,当 $CR<0.1$ 时即认为判断矩阵的一致性达到要求。

表 5-5 随机一致性指标

n	1	2	3	4	5	6	7	8	9	10
RI	0	0	0.52	0.89	1.12	1.26	1.36	1.41	1.46	1.49

④ 求得的指标 $u_i(i=1,2,\cdots,m)$ 的权重数 $w_i(i=1,2,\cdots,m)$ 后,可组成指标权重集 W,W 可用模糊向量表示为:

$$W=\{w_1,w_2,\cdots,w_m\}$$

$w_i(i=1,2,\cdots,m)$ 为因素 u_i 对 W 的隶属度,应满足归一化和非负条件,即:

$$\sum_{i=1}^{m}w_i=1, w_i\geqslant 0$$

⑤ 计算各层指标对于目标层的合成权重,对各影响因素按照权重进行排序,识别出对安全韧性城市评价影响较大的因素。

3. 确定突变级数

对底层指标原始数据进行无量纲化后,就根据选取的突变模型的归一化公式,计算出各层指标的突变级数值,再逐层向上进行各级指标递归运算,最后就可以得到安全韧性城市的总突变级数[59]。

在选取归一化公式时则需遵循状态变量和控制变量的数量要与对应的归一化公式相匹配的原则,本书涉及的几种常用的对应方式如表 5-6 所示。

表 5-6 常用的归一化公式与状态变量和控制变量对应表

突变模型名称	状态变量	控制变量	势函数	归一化公式
折叠突变	1	1	$F(x)=x^3+ax$	$x_a=\sqrt{a}$
尖点型	1	2	$F(x)=x^4+ax^2+bx$	$x_a=\sqrt{a}, x_b=\sqrt[3]{b}$
燕尾型	1	3	$F(x)=x^5+ax^3+bx^2+cx$	$x_a=\sqrt{a}, x_b=\sqrt[3]{b},$ $x_c=\sqrt[4]{c}$
蝴蝶型	1	4	$F(x)=x^6+ax^4+bx^3+cx^2+dx$	$x_a=\sqrt{a}, x_b=\sqrt[3]{b},$ $x_c=\sqrt[4]{c}, x_d=\sqrt[5]{d}$

续表

突变模型名称	状态变量	控制变量	势函数	归一化公式
棚屋型	1	5	$F(x)=x^7+ax^5+bx^4+cx^3+dx^2+ex$	$x_a=\sqrt{a}$,$x_b=\sqrt[3]{b}$,$x_c=\sqrt[4]{c}$,$x_d=\sqrt[5]{d}$,$x_e=\sqrt[6]{e}$

突变级数法根据控制变量和内部变量的数量关系，具有不同的突变类型，因此在选择归一化公式后，还需要根据每层指标间的关系选择对应的突变级数。同层指标之间的关系有两种，分别是"互补"和"非互补"。同层指标之间存在的"互补"关系是指系统各控制变量之间存在着明显的关联作用，一个指标的变化会对另一个指标产生比较明显影响，选择对应的计算原则，总的突变级数值等于各层级突变级数值归一化计算后的平均值。例如：若总目标安全韧性城市建设下的"城市人员安全韧性（B1）""城市设施安全韧性（B2）""城市管理安全韧性（B3）"之间为"互补"关系且权重大小关系为："城市人员安全韧性（B1）"＞"城市设施安全韧性（B2）"＞"城市管理安全韧性（B3）"，则其突变级数计算公式为：

$$a_1=\frac{1}{3}(b_1^{\frac{1}{2}}+b_2^{\frac{1}{3}}+b_3^{\frac{1}{4}}) \tag{5-24}$$

式中，a_1 表示安全韧性城市建设的突变级数值；b_1 表示"城市人员安全韧性（B1）"突变级数值；b_2 表示"城市设施安全韧性（B2）"突变级数值；b_3 表示"城市管理安全韧性（B3）"突变级数值。

同层指标间存在"非互补"关系则是指系统各控制变量之间关联性弱，一个指标的变化不会对另一个指标产生影响，则在计算时应选用"非互补"原则，总突变级数值就为各层级中突变级数值归一化计算后的最小值，例如：若总目标安全韧性城市建设下的"城市人员安全韧性（B1）""城市设施安全韧性（B2）""城市管理安全韧性（B3）"之间为"非互补"关系且权重大小关系为："城市人员安全韧性（B1）"＞"城市设施安全韧性（B2）"＞"城市管理安全韧性（B3）"，则其突变级数计算公式为：

$$a_1=\min\{b_1^{\frac{1}{2}},b_2^{\frac{1}{3}},b_3^{\frac{1}{4}}\} \tag{5-25}$$

式中，a_1 表示安全韧性城市建设的突变级数值；b_1 表示"城市人员安全韧性（B1）"突变级数值；b_2 表示"城市设施安全韧性（B2）"突变级数值；b_3 表示"城市管理安全韧性（B3）"突变级数值。

根据安全韧性城市评价指标体系间的整体结构以及内部关系，确定了各同层指标间的关系如表 5-7 所示。

表 5-7 各同层指标内部关系

指标层级	层级内部指标	内部关系
一级指标	B1、B2、B3	互补关系
二级指标	C1、C2、C3	互补关系
	C4、C5、C6、C7、C8	非互补关系
	C9、C10	互补关系
三级指标	D1、D2、D3	互补关系
	D4、D5、D6	互补关系
	D7、D8、D9	互补关系
	D10、D11、D12	非互补关系
	D13、D14	互补关系
	D15、D16、D17	非互补关系
	D18、D19、D20	互补关系
	D21、D22、D23、D24	互补关系
	D25、D26、D27	非互补关系
	D28、D29、D30	互补关系

根据表 5-7 的指标内部关系，可得除上述提到的两个公式外本书涉及的其他几种计算公式有：

$$o = \frac{1}{2}(p_1^{\frac{1}{2}} + p_2^{\frac{1}{3}}) \tag{5-26}$$

式中，o 表示需计算的突变级数值；p_1 和 p_2 表示需计算突变级数值对应下层指标的突变级数值。p_1 和 p_2 对应的指标关系为"互补关系"，且 p_1 和 p_2 对应的指标权重大小关系为：p_1 对应的指标权重＞p_2 对应的指标权重。

$$o = \frac{1}{4}(p_1^{\frac{1}{2}} + p_2^{\frac{1}{3}} + p_3^{\frac{1}{4}} + p_4^{\frac{1}{5}}) \tag{5-27}$$

式中，o 表示需计算的突变级数值；p_1、p_2、p_3 和 p_4 表示需计算突变级数值对应下层指标的突变级数值。p_1、p_2、p_3 和 p_4 对应的指标关系为"互补关系"，且 p_1、p_2、p_3 和 p_4 对应的指标权重大小关系为：p_1 对应的指标权重＞p_2 对应的指标权重＞p_3 对应的指标权重＞p_4 对应的指标权重。

$$o = min\{p_1^{\frac{1}{2}}, p_2^{\frac{1}{3}}, p_3^{\frac{1}{4}}, p_4^{\frac{1}{5}}, p_5^{\frac{1}{6}}\} \tag{5-28}$$

式中，o 表示需计算的突变级数值；p_1、p_2、p_3、p_4 和 p_5 表示需计算突变级数值对应下层指标的突变级数值。p_1、p_2、p_3、p_4 和 p_5 对应的指标关系为"非互补关系",且 p_1、p_2、p_3、p_4 和 p_5 对应的指标权重大小关系为:p_1 对应的指标权重＞p_2 对应的指标权重＞p_3 对应的指标权重＞p_4 对应的指标权重＞p_5 对应的指标权重。

在确定了归一化公式以及对应关系原则后,可运用相应的模型进行计算,从最底层指标逐层向上计算即可得到最终的突变级数值。

例如根据归一化公式以及对应关系原则即可得到"人口基本属性（C1）"的突变级数值,若其指标权重大小关系为:"建成区常住人口密度（D1）"＞"城镇职工基本医疗保险水平（D2）"＞"暂住人口比例（D3）"其计算公式如下所示:

$$c_1 = \frac{1}{3}(d_1^{\frac{1}{2}} + d_2^{\frac{1}{3}} + d_3^{\frac{1}{4}}) \tag{5-29}$$

式中,c_1 为二级指标"人口基本属性（C1）"的突变级数值;d_1 为二级指标"人口基本属性（C1）"下指标"建成区常住人口密度（D1）"的无量纲化原始数据;d_2 为二级指标"人口基本属性（C1）"下指标"城镇职工基本医疗保险水平（D2）"的无量纲化原始数据;d_3 为二级指标"人口基本属性（C1）"下指标"暂住人口比例（D3）"的无量纲化原始数据。

以此分别计算得出相应的各二级指标的突变级数值,然后再根据计算得出的二级指标突变级数值依次向上层计算,例如若指标权重大小关系为:"人口基本属性（C1）"＞"社会参与准备（C2）"＞"安全感与安全文化（C3）",则其计算公式如下:

$$b_1 = \frac{1}{3}(c_1^{\frac{1}{2}} + c_2^{\frac{1}{3}} + c_3^{\frac{1}{4}}) \tag{5-30}$$

式中,b_1 为一级指标"城市人员安全韧性（B1）"的突变级数值;c_1 为一级指标"城市人员安全韧性（B1）"下指标的"人口基本属性（C1）"突变级数值;c_2 为一级指标"城市人员安全韧性（B1）"下指标的"社会参与准备（C2）"突变级数值;c_3 为一级指标"城市人员安全韧性（B1）"下指标的"安全感与安全文化（C3）"突变级数值。

以此分别计算得出相应的各一级指标的突变级数值,然后再根据计算得出的一级指标突变级数值再向上层计算即可得到最终总目标的安全韧性城市建设的突变级数值,其计算公式如下所示:

$$a_1 = \frac{1}{3}(b_1^{\frac{1}{2}} + b_2^{\frac{1}{3}} + b_3^{\frac{1}{4}}) \tag{5-31}$$

式中，a_1 为总目标"城市安全韧性（A）"的突变级数值；b_1 为总目标"城市安全韧性（A）"下的指标"城市人员安全韧性（B1）"突变级数值；b_2 为总目标"城市安全韧性（A）"下的指标"城市设施安全韧性（B2）"突变级数值；b_3 为总目标"城市安全韧性（A）"下的指标"城市管理安全韧性（B3）"突变级数值。

第二节 空间分析理论

空间分析主要是对地理空间进行定量研究，通过对空间数据和空间模型的联合分析来获取空间目标的潜在信息。空间目标的基本信息主要包括空间的位置、形态、分布、方位等，其相对关系组成了空间目标的空间关系，反映了研究对象在地理上的联系，也是空间分析的基础。随着信息化时代的到来，计算机技术与地图学、地理学的结合，使得空间分析技术产生了突飞猛进的发展，利用计算机技术分析地图、获取信息，支持空间决策，为人们展示了更为广阔的应用领域。在本节中，将运用空间分析理论探究我国西部地区城市安全韧性建设情况，通过空间分析的图层理论更为直观地展示我国西部地区城市安全韧性的强弱，运用计量地理学的相关知识进行分析，提出更具针对性的城市安全韧性提升策略。

一、城市空间分析的图层理论

空间分析是地理信息系统的核心，地图图层是指在地理信息系统中，将空间信息按照其几何特征及属性划分成的专题数据。在空间分析中，图层理论的应用思想来源于1962年菲利普·列维斯的一次实践。菲利普·列维斯在评价景观自然资源时，将每一个景观要素设置为一个图层，通过图层的叠加整合，展现出整体的特质，而图层理论正是该思想的延伸。在地理信息系统中，具有两种图层，分别为"矢量图层（vector layer）"和"栅格图层（raster layer）"，根据图层的不同，有矢量空间分析和栅格空间分析两种空间分析方法。根据城市安全韧性评价的数据特征，本文主要应用了矢量空间分析方法对我国西部地区城市安全韧性进行分析。

1. 叠加分析

叠加分析是指在同一区域中，将具有相同空间参考系统的数据进行一系列的运算，从而产生新数据的过程。根据图层在地理信息系统中的定义，这里的数据也可以理解为地图图层所包含的专题数据，新生成的数据综合了原图层的相关属性特征，能够反映原图层空间特征和专属属性之间的相互关系，能够发现在多层数据之间的差异、联系、变化等特征。常见的叠加分析方式主要有点与多边形的叠加、线与多边形的叠加和多边形之间的叠加等，不同叠加方式产生的新数据反映的特征有所不同，利用 GIS 软件可以在每个要素上赋予与空间目标有关的属性特征，便于得到相关研究结论。本文主要运用叠加分析的方式确定我国西部地区间城市安全韧性等级，发现不同区域间的差异与联系，从而确定适应于西部地区城市的安全韧性提升策略。

2. 对比分析

在地理信息系统中运用对比分析原理，可以得到不同空间目标之间的差异，便于后续的综合分析运用。主要的对比分析手段包括数据对比分析和矢量对比分析两种。数据对比分析用于分析空间数据之间的差异，便于变化检测与自动更新，一定程度上避免了由于数据误差而造成的分析错误。矢量对比分析用于分析空间实体的差异和相似性，能够综合对比矢量数据的属性信息和特征，可用于辨别和分析不同来源数据的差异实体。

3. 网络分析

在地理信息系统中，网络分析是依据空间目标的网络拓扑关系，考查网络元素的空间及属性数据，并使用数学理论模型对网络的性能特征进行分析计算的过程。网络分析的目的是研究一项网络工程如何安排，能够使其运行效果最佳，在生产、社会、经济活动中十分常见。网络分析可以对城市基础设施网络（如城市电力系统网络、城市给排水网络、城市通信网络等）建立对应的网络数据集，并利用 GIS 软件对其进行地理分析和模型化，从而开展研究。

二、安全韧性城市空间分析的计量地理学

计量地理学是一门方法论学科，该学科运用数学方法和计算机应用技术建立地理模型，定量分析地理要素间的关系，能够模拟地理系统的时空演化过程，从而为人地关系的优化调控提供科学依据[60]。随着计量地理学的不断发展，该学科与数学模型、计算方法、3S 技术结合在一起，演变成为一种使用计算机技术处理复杂数据，进行综合性研究的方法论体系。现代计量地理学中的空间统计分析应用范围广泛，能够通过空间位置建立数据间的统计关系，从数据中挖掘与地理位置相关的数据间的空间依赖、空间关联或空间自相关等规律，为人地关系的优化提供数据支撑。

在城市安全韧性的研究中，借用空间数据统计分析方法，能够揭示城市空间的演变规律，为提升城市安全韧性提供科学依据。经典的统计分析方法的基本出发点是样本独立假设，而在城市安全韧性的空间分析中，城市空间的数据间存在某种空间联系和关联性，无法直接用经典的统计分析方法揭示与地理位置相关的空间数据关联和依赖性。因此需要在经典统计分析技术的基础上，进行修改，使其能够适用于空间数据的统计分析。

1. 空间权重矩阵

空间权重矩阵是一种有效表达空间关系的方式。它用量化的方法表示数据之间的"空间结构"，是探索性空间数据分析（exploratory spatial data analysis，ESDA）的前提和基础。

空间权重矩阵 W，描述了 n 个个体之间的空间依赖关系。其中 w_{ij} 代表空间中个体 i 对个体 j 的影响程度，可以根据临近标准或者距离标准来度量。

$$W = \begin{bmatrix} w_{11} & w_{12} & \cdots & w_{1n} \\ w_{21} & w_{22} & \cdots & w_{2n} \\ \vdots & \vdots & & \vdots \\ w_{n1} & w_{n2} & \cdots & w_{nn} \end{bmatrix} \quad (5\text{-}32)$$

确定空间权重矩阵的常用规则主要有以下两种：

（1）简单的二进制邻接矩阵

$$w_{ij} = \begin{cases} 1 & \text{当区域 } i \text{ 和 } j \text{ 相邻接} \\ 0 & \text{其他} \end{cases} \quad (5\text{-}33)$$

（2）基于距离的二进制空间权重矩阵

$$w_{ij} = \begin{cases} 1 & \text{当区域 } i \text{ 和 } j \text{ 的距离小于 } d \text{ 时} \\ 0 & \text{其他} \end{cases} \quad (5\text{-}34)$$

2. 全局空间自相关

Moran 指数和 Geary 系数是两个用来度量空间自相关的全局指标。其中，Moran 指数反映的是空间邻接或空间邻近的区域单元属性值的相似程度，而 Geary 系数与 Moran 指数存在负相关关系。

如果 x_i 是位置（区域）i 的观测值，则该变量的全局 Moran 指数 I，用如下公式计算：

$$I = \frac{n \sum_{i=1}^{n} \sum_{j=1}^{n} w_{ij}(x_i - \overline{x})(x_j - \overline{x})}{\sum_{i=1}^{n} \sum_{j=1}^{n} w_{ij} \sum_{i=1}^{n} (x_i - \overline{x})^2} = \frac{\sum_{i=1}^{n} \sum_{j=1}^{n} w_{ij}(x_i - \overline{x})(x_j - \overline{x})}{S^2 \sum_{i=1}^{n} \sum_{j=1}^{n} w_{ij}}$$

(5-35)

式中，I 为 Moran 指数；$S^2 = \frac{1}{n}\sum_{i=1}^{n}(x_i - \overline{x})^2$；$\overline{x} = \frac{1}{n}\sum_{i=1}^{n}x_i$。

Geary 系数 C 计算公式如下：

$$C = \frac{(n-1)\sum_{i=1}^{n}\sum_{j=1}^{n}w_{ij}(x_i - \overline{x})^2}{2\sum_{i=1}^{n}\sum_{j=1}^{n}w_{ij}\sum_{i=1}^{n}(x_i - \overline{x})^2}$$

(5-36)

式中，C 为 Geary 系数；其他变量同式（5-35）。

Moran 指数 I 的取值一般在 $-1\sim1$ 之间，小于 0 表示负相关，等于 0 表示不相关，大于 0 表示正相关；Geary 系数 C 的取值一般在 $0\sim2$ 之间，大于 1 表示负相关，等于 1 表示不相关，小于 1 表示正相关。

对于 Moran 指数 I 常用标准化统计量 Z 来检验 n 个区域是否存在空间自相关关系，Z 的计算公式为：

$$Z = \frac{I - E(I)}{\sqrt{VAR(I)}}$$

(5-37)

$$E(I) = -\frac{1}{n-1}$$

$$VAR(I) = I^2 - E(I)^2$$

在实际中，还需要对空间自相关关系进行显著性检验，常用的显著性检验方法有三种。第一种方法也是最常用的方法，即假设变量服从正态分布，在样本无限大的情况下，Z 值服从标准正态分布，据此可判断显著性水平。第二种方法是随机化方法，假设区域单元的观测值和位置完全无关，易知 Z 值渐进地服从标准正态分布，据此判断显著性水平。第三种方法是置换方法，假设观测值可以等概率地出现在任何位置之中，但是关于 I 的分布是实证地产生，即通过观测值在所有空间区域单元随机重排序，每次计算得出不同 I 统计量的值，最后得到 I 的均值和方差。

当 Z 值为正且显著时，表明存在正的空间自相关，也就是说相似的观测值（高值或低值）趋于空间集聚；当 Z 值为负且显著时，表明存在负的空间自相关，相似的观测值趋于分散分布；当 Z 值为零时，观测值呈独立随机分布。

3. 局部空间自相关

Moran 指数 I 和 Geary 系数 C 对空间自相关的全局评估，存在忽略了空间过程的潜在不稳定性问题。如果进一步考虑到是否存在观测值的高值或低值的局部空间集聚，哪个区域单元对于全局空间自相关的贡献更大，以及在多大程度上空间自相关的全局评估掩盖了反常的局部状况或小范围的局部不稳定性时，就必须进行局部空间自相关分析。局部空间自相关分析方法包括三种分析方法：LISA、G 统计、Moran 散点图。三种方法所适应的情况各有不同。对我国西部地区城市进行安全韧性评价主要使用了 Moran 散点图。

Moran 散点图常用来研究局部空间的不稳定性，它对空间滞后因子进行了可视化的二维图示。Moran 散点图的四个象限分别对应于区域单元与其邻居之间四种类型的局部空间联系形式：第一象限代表了高观测值的区域单元被同是高值的区域所包围的空间联系形式；第二象限代表了低观测值的区域单元被高值的区域所包围的空间联系形式；第三象限代表了低观测值的区域单元被同是低值的区域所包围的空间联系形式；第四象限代表了高观测值的区域单元被低值的区域所包围的空间联系形式。

将 Moran 散点图与 LISA 显著性水平相结合，可以得到 Moran 著性水平图，图中显示出显著的 LISA 区域，并分别标识出对应于 Moran 散点图中不同象限的相应区域。在给定置信水平下，若 I_i 显著>0 且 $Z_i>0$，则区域 i 位于第一象限；若 I_i 显著>0 且 $Z_i<0$，则区域 i 位于第三象限；若 I_i 显著<0 且 $Z_i>0$，则区域 i 位于第二象限；若 I_i 显著<0 且 $Z_i<0$，则区域 i 位于第一象限。

本章小结

本章首先介绍了智慧城市安全韧性评价模型构建的相关理论方法，本文在研究当前主流评价方法的基础上，根据城市安全韧性的特征与内涵，选择突变级数法构建城市安全韧性评价模型。并介绍了城市安全韧性研究中所涉及的时空演化分析相关理论，如空间分析理论中的叠加分析、对比分析、网络分析、空间数据统计分析等方法，为后续城市安全韧性时空演化研究提供理论方法。

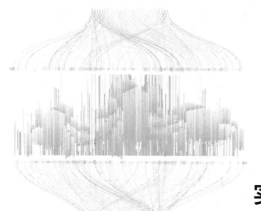

第六章

实证区域研究——我国西部地区城市发展与建设

第一节 实证区域研究范围说明

中国西部地区为中国经济地理分区，包括重庆市、四川省、陕西省、云南省、西藏自治区、贵州省、甘肃省、广西壮族自治区、青海省、宁夏回族自治区、新疆维吾尔自治区、内蒙古自治区，涉及十二个省、自治区和直辖市。中国西部地区地形复杂，气候类型多样，为不同的植物生长和野生动物栖息创造了良好条件，拥有丰富的生物资源。中国西部地区经济最为发达的地区是成都平原和重庆主城区，其人均收入、GDP总值已经接近甚至超过了部分沿海省份，位居全国前列。截至2018年底，土地面积678.1589万平方公里，占全国总面积的70.6%；人口为3.795587亿，占全国总人口的27.2%。西部地区疆域辽阔，矿产、土地等资源十分丰富，风景秀丽，开发潜力大。

根据可行性原则，本书选取重庆市、四川省、陕西省、云南省、贵州省、广西壮族自治区、甘肃省、青海省、宁夏回族自治区、内蒙古自治区等区域作为实证研究范围。

第二节 我国西部地区区域城市发展与建设基本情况

一、我国西部地区城市建设现状

改革开放以来，西部地区经济水平不断提高、基础设施日益完善、社会民生持续改善、生态保护成效显著，地区经济社会发展取得历史性成就，对全国发展起到重要支撑作用。1999年6月，江泽民提出，加快中西部地区发展步伐的条件已经具备，时机已经成熟，要"抓住世纪之交历史机遇，加快西部地区开发步伐"。2000年3月，朱镕基总理在政府工作报告中指出，实施西部地区大开发战略，加快中西部地区的发展，是党中央贯彻邓小平关于我国现代化建设"两个大局"战略思想，面向新世纪所作出的重大决策。这对于扩大内需、推动国民经济持续增长，对于促进各地区经济协调发展，最终实现共同富裕，对于加强民族团结、维护社会稳定和巩固边防，都具有十分重要的意义。2006年12月，《西部大开发"十一五"规划》在国务院常务会议审议通过，"十一五"规划的目标是努力实现西部地区经济又好又快发展，人民生活水平持续稳定提高，基础设施和生态环境建设取得新突破，重点区域和重点产业的发展达到新水平，教育、卫生等基本公共服务均等化取得新成效，构建社会主义和谐社会迈出扎实步伐。2019年8月，国家发展改革委印发《西部陆海新通道总体规划》，其中明确到2025年，将基本建成西部陆海新通道。在2020年5月发布的《中共中央 国务院关于新时代推进西部大开发形成新格局的指导意见》中，擘画了新时代的更高目标："到2035年，西部地区基本实现社会主义现代化，基本公共服务、基础设施通达程度、人民生活水平与东部地区大体相当，努力实现不同类型地区互补发展、东西双向开放协同并进、民族边疆地区繁荣安全稳固、人与自然和谐共生。"

西部大开发二十多年来，西部城市发生了翻天覆地的变化，城镇化水平不断上升，城市基础设施建设取得突破性进展。在2000年《国务院关于实施西部大开发若干政策措施的通知》中强调，力争用5到10年时间，使西部地区基础设施和生态环境建设取得突破性进展，西部开发有一个良好的开局。在2012年《西部大开发"十二五"规划》中强调，继续把基础设施建设放在优先位置，加快构建适度超前、功能配套、安全高效的现代化基础设施体系。在2020年《中共中央 国务院关于新时代推进西部大开发形成新格局的指导意见》中再次强调，因地制宜优化城镇化布局与形态，提升并发挥国家和区域中心城市功能作用，推动城市群高质量发展和大中小城市网络化建设，培育发展一批特色小城镇。提高基础设施通达度、通畅性和均等化水平，推动绿色集约发展。

随着基础设施的日益完善和产业结构的不断升级，西部城市对农村人口的吸引力不断增强，农民市民化步伐进一步加快，西部地区城镇化率从2000年的28.96%提升至2019年的54.08%，年均提升3.43个百分点，高于全国的增长幅度。区域间互联互通日渐紧密。截至2021年，铁路运营里程达到5.9万公里，其中高速铁路1.1万公里。兰新铁路第二双线、兰渝铁路、西成高铁等一批重要交通干线相继投入运营。高速公路通车里程达到7.5万公里。民用运输机场数量达到124个,占全国比重51.5%。西气东输、西电东送等一批具有重要影响的能源工程相继竣工,最后一批无电人口用电问题得到有效解决。金沙江梯级水电站以及广西百色、四川紫坪铺等一批大型水利枢纽建成并发挥效益。新一代信息基础设施建设顺利推进,移动互联网覆盖面不断扩大。

二、我国西部地区智慧城市建设的典型案例

近年来,智慧城市作为一种新型城市发展模式被政策大力支持,智慧城市借助大数据、云计算、物联网等新型现代技术与治理手段,促进城市规划、建设、管理和服务智慧化新模式和新理念的发展,优化城市管理和服务,改善市民生活质量,是城镇化与信息化深度融合发展的产物。2013年1月住建部在北京组织召开"国家智慧城市试点创建工作会议",公布了首批90个智慧城市建设试点名单。会议上指出,走新型城镇化道路是党中央、国务院加快新经济模式形成、促进我国经济持续健康发展的重要战略部署,将集约、低碳、生态、智慧等先进理念融合到城镇化的具体过程中,是当前新型城镇化建设的最紧迫课题之一。住建部提出并推动智慧城市试点创建工作,拟定经过3~5年的创建期对这些试点城市(区、镇)进行评定[61],首批智慧城市试点名单见表6-1。其中属于西部地区的智慧城市试点达16个。

表6-1 首批智慧城市试点名单

北京市	北京市东城区、北京市朝阳区、北京未来科技城、北京丽泽金融商务区	天津市	天津市津南区、中新天津生态城
河北省	石家庄市、廊坊市、邯郸市、秦皇岛市、迁安市、秦皇岛北戴河新区	山西省	太原市、长治市、朔州市平鲁区
内蒙古自治区	乌海市	辽宁省	沈阳市浑南新区、大连生态科技创新城
吉林省	辽源市、磐石市	黑龙江省	肇东市、大庆市肇源县、佳木斯市桦南县
上海市	上海市浦东新区	海南省	万宁市
江苏省	无锡市、常州市、镇江市、泰州市、南京市河西新城区(建邺区)、苏州工业园区、盐城市城南新区、昆山市花桥经济开发区、昆山市张浦镇	浙江省	温州市、金华市、诸暨市、杭州市上城区、宁波市镇海区

续表

安徽省	芜湖市、淮南市、铜陵市、蚌埠市禹会区	福建省	南平市、福州市仓山区、平潭综合实验区
江西省	萍乡市、南昌市红谷滩新区	河南省	郑州市、鹤壁市、漯河市、济源市、新郑市、洛阳新区
山东省	德州市、威海市、东营市、寿光市、新泰市、昌邑市、肥城市、济南西部新城	湖南省	株洲市、韶山市、株洲市云龙示范区、浏阳市柏加镇、长沙大河西先导区
湖北省	武汉市、武汉市江岸区	陕西省	咸阳市、杨凌农业高新技术产业示范区
广东省	珠海市、广州市番禺区、广州市萝岗区、深圳市坪山新区、佛山市顺德区、佛山市顺德区乐从镇	贵州省	铜仁市、六盘水市、贵阳市乌当区
重庆市	重庆市南岸区、重庆两江新区	四川省	雅安市、成都市温江区、成都市郫县❶
云南省	昆明市五华区	西藏自治区	拉萨市
宁夏回族自治区	吴忠市	新疆维吾尔自治区	库尔勒市、奎屯市

西部地区积极进行智慧城市建设，自试点以来，西部地区在智慧城市建设上表现出迅猛态势。总体来看，西部地区智慧城市的关注重点，大部分集中在优先发展民生、城市管理等社会应用工程和基础设施建设上[62]。下面对西部地区典型的智慧城市建设情况做详细阐述。

1. 重庆市智慧城市建设

重庆是我国西部地区唯一的直辖市，是长江上游地区经济、金融、科创、航运和商贸物流中心，是全国唯一兼具陆港型、港口型、空港型、生产服务型国家物流枢纽的城市，具备政策和交通上的双重优势。在智慧城市建设方面，重庆市政府制定了《重庆市深入推进智慧城市建设总体方案（2015—2020年）》，提出了明确的工作目标和工作思路，立足现有工作机制，统筹已有工作成果，充分发挥政府规划引导和规制标准的调控导向作用，实施信息基础设施建设、社会管理、公共服务、新兴产业发展和网络信息安全五大行动计划，加快推进重庆国家智慧城市、信息惠民、信息消费等试点工作，最终实现重庆智慧城市建设的总体目标。在2015年4月，重庆市政府与腾讯达成"互联网＋战略合作共建智慧城市"战略协议，共同开展智慧城市建设工作，通过微信"城市服务"入口，开展

---

❶ 现为成都市郫都区。

交通出行、医疗、社保等多种便民服务，努力提高公众满意度。2019年6月，重庆市人民政府办公厅印发《重庆市新型智慧城市方案（2019—2022年）》，计划在民生服务、政府管理、产业融合、生态宜居、城市治理、基础设施等领域取得突破。2020年6月，召开重庆市发展数字经济推进大会，会上强调要打造"智造重镇"、建设"智慧名城"；同年8月，"重庆市新型智慧城市运行管理中心"建成投用，首批打造了"渝快办"等17个应用场景；同年11月，重庆市被列为"全国首批政务数据开放共享国家标准"试点地区。其后，重庆市出台《重庆市大数据标准化建设实施方案（2020—2022年）》，明确了大数据标准化建设的相关标准、考核指标、数字规则、评估口径等内容，通过加强大数据管理，提升政府社会治理和公共服务水平，促进数字经济高质量发展。

在智慧城市与数字化经济发展方面，重庆市成果显著，截至2020年底，全市数字经济企业数量达到1.85万家，同比增长11%。规范大数据市场，累计整合关停信息系统2079个，整合率68.4%，同比提升18%，居全国前列。在重庆市建成城市大数据资源中心，68个市级部门形成共享数据，集中存储数据2666类，共建集中部署部门数据资源池；市级政务数据汇聚共享增长至3505类，政务数据累计调用94.4亿条。重庆市率先实现"国家-市-区县"三级政务数据共享体系全覆盖，实现了政务数据川渝跨区域联通。

2. 四川省智慧城市建设

四川省GDP在西部地区位列前茅，在经济建设、产业发展、人才集聚等方面有较大优势。在智慧城市建设上，2015年四川省人民政府印发《四川省智慧社区建设指南（试行）》，其中明确了智慧社区建设重点内容，建立智慧社区评估体系。并在成都温江区开展智慧社区建设试点工作，建立"数字涌泉"社区服务管理平台，应用网格化管理延伸社区管理触角，开展更加精细化、智能化的便民服务，切实做到"以人为本、服务为先"。2020年7月四川省住房和城乡建设厅印发《四川省智慧化城市管理平台建设导则（试行）》强调各地应当积极整合各类数据和资源，基于现有的信息平台，充分利用新技术、新手段，实现城市管理的精细化、智慧化。2021年四川省推进数字经济发展领导小组办公室印发《关于加快新型智慧城市建设的指导意见》。这是四川省第一次系统出台新型智慧城市建设相关政策文件，以"优政、惠民、兴业"为宗旨，坚持创新、协调、绿色、开放、共享的新发展理念，加快新一代信息技术与城市治理和服务体系深度融合，为城市基层治理能力建设提供强大的科技支撑。四川省各市（州）深入贯彻落实指导意见，相继出台建设方案和行动计划。

总体来看，四川省新型基础设施建设处于西部地区前列。截至 2020 年，第四代移动通信（4G）基站达 29.5 万个，5G 基站超 3.6 万个，"天府医健通"省级医疗健康在线服务平台功能不断完善，已接入二级以上医疗机构 223 家。截至 2020 年底，全省已经审批设置 59 家互联网医院，累计提供网络咨询、网络复诊和电子处方等服务 125 万人次。88.9% 的市县建成居家社区养老服务信息平台，培养重点智慧养老企业 7 家，产业规模达 30 亿元以上。组建四川省精准医学产业创新中心、成都市区块链产业创新中心，在工业大数据、新材料、核技术等领域设立 13 个省级制造业创新中心。

3. 云南省智慧城市建设

云南省入选国家自由贸易试验区，是长江经济带的重要组成部分，是全国热门旅游目的地和文旅大省。云南省动植物种类数为全国之冠，素有"动植物王国"之称，被誉为"有色金属王国"，历史文化悠久，自然风光绚丽，拥有得天独厚的旅游资源。在建设智慧城市方面，云南立足文旅产业，重点打造"智慧旅游"项目。在 2014 年云南省旅游发展委员会发布的《关于在全省推广应用"云南智慧旅游系统"有关事项的通知》中，强调全面推广应用智慧旅游云端查询平台、微信公众平台、壹旅图平台、景区微卡等智慧旅游研发成果，首先在丽江进行试点工作。2015 年云南省政府与中国电信集团公司签署"互联网＋"战略合作框架协议，上线"昆明市数字旅游平台"，实现游客数字化服务。2016 年云南省人民政府在关于加快推进"互联网＋政务服务"工作的实施意见中，提出加快推进"互联网＋政务服务"工作，构建全省整体联动、部门协同、平台融合、一网办理的线上线下一体化政务服务体系，提高群众办事满意度。2018 年《云南省人民政府办公厅关于印发云南省信息通信基础设施提升工程实施方案的通知》中强调，通过开展光纤宽带网络接入能力提升、4G 网络重点区域覆盖优化、物联网网络建设等工程，进一步消除信息通信网络覆盖死角盲区，优化提升公共区域、重点场所信息通信网络覆盖质量，持续提升信息通信网络服务水平。2019 年《云南省人民政府办公厅关于印发"数字云南"信息通信基础设施建设三年行动计划（2019—2021 年）的通知》中强调，补齐云南省信息通信基础设施发展短板，扩大网络覆盖范围，提升网络质量，实现信息通信服务能力的跃升，全力支撑"数字云南"建设。2020 年中共云南省委、云南省人民政府印发《云南省推进新型基础设施建设实施方案（2020—2022 年）》，推动传统基础设施升级改造，促进新型基础设施与经济社会深度融合。在城市新型基础设施建设上，截至 2020 年，云南省完成全光网省建设，固定宽带实现行政村 100% 覆盖，省际互联网带宽能力达 28Tbps（太比特/秒）。移动通信设施建设成效显著，建成 4G 基站 21.5 万个，4G 网络行政村覆盖率达 100%，完成 5G 基站建设 1.9 万个。建成一批市域治理中心平台，配备网格信息采集设备，形成覆盖州、市、县、区、乡、村的网格化管理体系，有效提升社会治理工作现代化水平。

三、我国西部地区城市面临的主要灾害和影响

我国的西部地区位于亚欧大陆的中部，其中西北地区主要为沙漠、草原、戈壁、黄土高原，植被稀疏，降水少；西南地区地处横断山脉，地形崎岖破碎、地貌复杂多样，气候复杂。由于自然条件特殊，西部地区的自然灾害频发，总体上看可以分为西北灾害带及西南山地灾害带。西部地区地域辽阔，存在高寒、干旱等极端地带，容易孕育自然灾害，常见的自然灾害有以下几种。

1. 洪灾

由于区域地形地貌与气候差异，我国西部地区经常发生地域性的"大到暴雨"或"大降水"，造成经济损失较大。由于西北灾害带区域植被及地下垫面土壤沟壑的特性，导致洪灾次数多。另外随着西部大开发的步伐，西部地区城镇化水平加快，由于混凝土、沥青的透水强度较弱，导致西部城市对于洪灾的调节能力下降。一旦发生强降雨，城市中地表径流量和径流速度增大，城市地带不透水度可达 20%～90%，洪灾次数上升。

2. 地震

地震是对西部城市危害最大的自然灾害。西部发生的地震活动频次约占我国全部地震活动频次的 90%。如 2008 年四川汶川发生里氏 8 级特大地震，最大烈度达 11 度。这是 1949 年以来破坏性最强、波及范围最广、救灾难度最大的一次地震，造成 69227 名同胞遇难、17923 名同胞失踪。根据四川人民出版社 2017 年出版的《汶川特大地震四川抗震救灾志——总述大事记》，截至 2008 年 9 月，"5·12"汶川地震造成直接经济损失 8451.4 亿元。其中四川的损失占到总损失的 91.3%，甘肃占 5.8%，陕西占 2.9%。

3. 旱灾

干旱是我国最常见、对农业生产影响最大的自然灾害之一。西部地区距离海洋遥远，有山川阻隔，潮湿空气不易进入，降水较少，特别是在青藏高原北侧的新疆、青海和甘肃的沙漠地带，由于青藏高原的阻隔，导致该区域的云雨难以发展，且气候干燥不利于人工增雨。此外，在西南地区以水力发电为主，干旱将造

成严重缺电，在现代化城市中，缺电带来的损失不可估计。

4. 沙尘暴

沙尘暴具有突发性的特点，并且容易引发风蚀、沙割、沙埋、冻害等次生灾害，造成人员伤亡和大范围的环境污染。春季是区域性沙尘暴高发季节，西北地区的春季前期干旱少雨，解冻后的土壤干燥松散，抗风蚀能力很弱。西北地区区域性沙尘暴高发区主要包括3个，分别是新疆南部的塔里木盆地、内蒙古中西部地区以及甘肃河西地区，区域性沙尘暴总日数均大于十天[63]。

5. 地质灾害

西部地区地跨我国地势第一、第二阶梯，地势起伏大，地形以山地丘陵为主，山高谷深、沟壑纵横，同时地处板块交界处，地下多断层发育，岩层破碎，地表碎屑物多，符合滑坡和泥石流发生的地形地质条件。此外城市工程和工业生产也会对地质环境造成影响。

本章小结

本章主要介绍了我国西部地区的城市发展与建设现状，以及西部地区城市主要面临的灾害等情况。随着西部大开发战略的逐步实施，我国西部地区城市建设进程加快，在智慧城市建设上，西部地区城市在民生建设、城市管理、基础设施建设等方面取得了明显成效。由于我国西部地区地貌特征复杂，容易孕育自然灾害，西部地区城市受到自然灾害的影响较大，常见的自然灾害包括洪灾、地震、旱灾、沙尘暴及地质灾害等。

第七章

实证区域数据分析——我国西部地区城市安全韧性指标数据

第一节　我国西部地区城市安全韧性测评分析

一、数据来源及处理

西部地区城市安全韧性测评问题研究的原始数据主要从国家统计局、重庆市统计局、四川省统计局、云南省统计局、贵州省统计局、陕西省统计局、甘肃省统计局、青海省统计局、宁夏回族自治区统计局、广西壮族自治区统计局、内蒙古自治区统计局以及各省份城市建设统计年鉴和卫生统计年鉴等官方渠道获取，以确保结果的准确性。根据所构建的测评指标体系选择相应的数据，由于缺少2022年部分地区统计数据，本次研究暂时无法将这一年的相关数据作为测评基础数据，故将2017年、2019年、2021年三年的相关数据整理后得到初始数据如表7-1～表7-3所示。通过表4-2中各指标的计算处理方式，将初始数据进行计算后得到相关指标原始数据如表7-4～表7-6所示。最后再运用极差变换法对指标原始数据进行处理，从而得到底层指标的突变级数值，如表7-7、表7-8和表7-9所示。

表 7-1　2017 年各指标原始数据

数据名称	单位	重庆	四川	贵州	云南	陕西	甘肃	青海	宁夏	广西	内蒙古
城市建成区总面积	平方公里	1423	2832	986	1142	1287	869	200	458	1414	1269
建成区常住人口数	万人	1121.62	2065.83	624.66	857.69	1000.46	532.31	175.08	233.50	896.60	670.09
城镇职工基本医疗保险参保人口数	万人	640.30	1526.40	410.40	491.30	619.80	320.20	94.00	123.50	556.70	495.10
城市暂住人口数	万人	504.31	569.72	128.82	131.50	98.79	150.67	23.36	71.04	252.16	236.20
城市常住人口总数	万人	2489.92	4127.32	1371.70	1658.18	1740.14	895.88	226.85	341.37	2392.78	982.27
每万人拥有城市卫生技术人员数	人	79	85	156	146	116	87	220	106	91	130
医院数量	座	749	2219	1270	1252	1150	526	212	209	589	720
社会组织单位	个	16824	42282	12700	23184	24725	27079	5291	6548	24567	15116
人身险保费收入	亿元	560.13	1441.28	210.05	357.52	654.8	254.06	46.86	109.25	369.13	390.23
城市商业险收入	亿元	744.00	1937.64	389.31	612.66	869.01	366.38	80.20	165.29	565.11	570.06
工伤保险年末参保人数	万人	504.61	876.04	332.48	383.67	459.35	198.58	64.85	90.35	388.79	307.76
城区面积	平方公里	7440	8359	3184	3157	2621	1591	688	2159	5789	4885
城市行政区域总面积	平方公里	43263.10	82433.06	34176.60	84818.32	49054.71	87442.07	166331.50	23697.42	68539.76	147077.45
安全薄弱区域面积（工业用地＋物流仓储用地）	平方公里	275.57	521.67	183.18	159.08	173.12	201.72	26.65	56.08	272.93	209.66
建筑业企业从业人员	万人	224.79	352.83	77.64	152.72	137.98	56.88	11	12.42	126.15	27.7
市辖区道路面积	万平方米	19015	33979	8930	11856	17538	10678	2753	6545	19821	21277

续表

数据名称	单位	重庆	四川	贵州	云南	陕西	甘肃	青海	宁夏	广西	内蒙古
城市道路照明灯	盏	584172	1344947	584172	500123	500123	318333	131213	247589	695594	584422
接入固定宽带的家庭数	万户	661.40	1430.30	436.70	694.20	662.20	380.00	105.90	140.60	671.80	390.50
移动电话普及率	部/百人	106.49	92.67	97.36	88.08	110.04	96.22	102.09	116.16	89.77	112.36
天然气管道长度	千米	22320	49338	6414	5947	16567	3140	2244	6279	5513	9680
地震台数总座	座	10	112	7	250	93	100	39	17	81	67
自动气象站站点个数	个	1997	4753	2948	3414	1537	2159	437	893	2399	1688
光缆线路长度	万千米	93.07	250.61	85.62	108.85	108.67	72.59	21.04	19.86	109.35	98.56
城市应急避难场所面积	平方公里	113.77	346.50	110.27	134.62	289.58	131.07	35.66	58.81	156.19	151.71
救灾储备机构库房建筑面积	平方公里	30.99	70.86	27.94	36.51	27.14	30.37	13.42	13.50	52.48	48.26
各类医疗卫生机构床位数	万张	76.93	79.48	144.13	114.25	87.05	78.18	175.28	81.04	63.53	105.13
建成区绿化覆盖率	%	40.32	40.00	37.01	38.87	39.88	33.28	32.55	40.41	39.12	40.22
年因灾死亡人数	人	52	186	68	110	69	22	17	0	92	18
年因灾直接经济损失	亿元	24.50	153.90	57.60	76.60	162.90	105.10	17.40	12.00	99.00	126.50
城市生产总值	亿元	20066.30	37905.10	13605.40	18486.00	21473.50	7336.70	2465.10	3200.30	17790.70	14898.10
城市受灾人口数	万人	163.87	218.41	253.80	291.16	399.12	321.54	110.17	138.48	180.81	466.86
公共安全财政支出	亿元	235.91	471.42	268.09	343.26	241.82	170.38	90.04	64.59	283.17	250.09
医疗卫生财政支出	亿元	353.79	831.46	436.21	546.99	418.27	289.24	125.21	97.98	512.31	323.48
交通运输支出	亿元	287.97	526.68	336.91	511.24	304.03	285.75	95.38	100.82	244.09	344.38

第七章 实证区域数据分析——我国西部地区城市安全韧性指标数据

表 7-2 2019 年各指标原始数据

数据名称	单位	重庆	四川	贵州	云南	陕西	甘肃	青海	宁夏	广西	内蒙古
城市建成区总面积	平方公里	1515.41	3054.31	1085.52	1217.60	1357.51	875.72	215.19	489.05	1542.78	1269.74
建成区常住人口数	万人	1185.60	2214.03	681.49	890.89	1159.30	535.73	180.19	223.96	930.87	678.97
城镇职工基本医疗保险参保人口数	万人	720.60	1778.10	462.00	528.00	712.90	344.30	103.70	141.10	620.50	530.70
城市暂住人口数	万人	478.10	550.99	155.34	173.47	131.87	136.32	19.46	70.10	312.21	256.68
城市常住人口总数	万人	2566.51	4171.90	1459.73	1720.00	1988.31	909.54	232.58	345.31	2417.75	998.07
每万人拥有城市卫生技术人员数	人	93	95	94	138	110	102	133	111	94	144
医院数量	座	846	2417	1340	1376	1208	719	220	219	678	794
社会组织单位	个	17553	44932	13753	23640	30548	24644	6084	6083	27118	16998
人身险保费收入	亿元	696.24	1635.33	265.85	445.07	816.25	306.34	56.68	129.51	448.14	516.86
城市商业险收入	亿元	916.46	2148.66	489.26	742.10	1033.49	444.32	98.44	197.67	664.92	729.82
工伤保险年末参保人数	万人	661.67	1177.14	408.51	438.51	577.42	244.10	73.99	119.58	442.23	338.24
城区面积	平方公里	7660	8610	3651	3204	2431	1978	696	952	5814	5082
城市行政区域总面积	平方公里	43263.52	85091.09	36217.91	87343.65	53039.80	88539.17	197504.60	22201.63	70298.38	148649.07
安全薄弱区用地面积（工业用地＋物流仓储用地）	平方公里	294.09	558.56	200.1	162.29	207.83	242.03	31.28	59.3	253.11	198.61
建筑业企业从业人员	万人	216.18	351.36	80	141.54	145.21	50.85	8.1	11.25	141.94	20.52
市辖区道路面积	万平方米	22160	42936	11786	15050	21039	12450	3797	7625	26726	21571

续表

数据名称	单位	重庆	四川	贵州	云南	陕西	甘肃	青海	宁夏	广西	内蒙古
城市道路照明灯	盏	775469	1550215	626167	623986	824590	354166	146458	238104	654416	576538
接入固定宽带的家庭数	万户	920.40	1830.70	715.60	783.90	878.20	548.70	130.30	204.90	845.90	594.80
移动电话普及率	部/百人	117.75	112.76	111.78	100.10	119.72	103.92	110.73	119.24	103.38	118.59
天然气管道长度	千米	23613	57055	7816	7904	21514	3817	2500	6906	8456	10145
地震总台数	座	48	113	21	262	98	101	39	15	83	67
自动气象站站点个数	个	1805	5079	3026	2583	1575	1575	527	866	2303	1658
光缆线路长度	万千米	120.18	332.86	115.09	200.29	153.21	88.78	32.49	24.02	175.85	130.99
城市应急避难场所面积	平方公里	126.67	380.67	105.37	168.92	228.07	113.59	39.74	82.11	248.61	151.06
救灾储备机构库房建筑面积	平方公里	31.46	76.17	37.78	35.57	33.27	41.56	16.79	13.87	46.65	51.28
各类医疗卫生机构床位数	万张	87.85	86.02	81.61	104.14	80.46	90.81	105.52	79.31	66.12	113.87
建成区绿化覆盖率	%	41.82	41.85	39.42	39.73	39.32	36.03	35.21	41.34	40.76	40.52
年因灾死亡人数	人	27	159	76	70	52	22	9	3	104	8
年因灾直接经济损失	亿元	19.60	340.90	47.00	102.10	58.80	46.50	14.30	2.90	100.50	46.80
城市生产总值	亿元	23605.77	46363.80	16769.34	23223.75	25793.17	8718.30	2941.10	3748.48	21237.14	17212.53
城市受灾人口总数	万人	145.90	487.60	277.20	949.40	458.80	224.50	86.90	14.60	356.00	220.70
公共安全财政支出	亿元	268.66	525.64	280.06	382.83	285.90	191.29	89.57	66.74	312.18	249.06
医疗卫生财政支出	亿元	383.26	943.27	534.78	608.50	466.29	326.41	148.23	106.49	565.29	322.18
交通运输支出	亿元	292.35	687.83	347.79	542.81	283.94	360.35	172.6	88.87	219.49	403.38

第七章　实证区域数据分析——我国西部地区城市安全韧性指标数据

表 7-3　2021 年各指标原始数据

数据名称	单位	重庆	四川	贵州	云南	陕西	甘肃	青海	宁夏	广西	内蒙古
城市建成区总面积	平方公里	1645	3367	1187	1252	1527	928	249	495	1679	1271
建成区常住人口数	万人	1322.63	2514.51	726.22	771.19	1255.46	528.60	191.22	230.65	1027.68	682.13
城镇职工基本医疗保险参保人口数	万人	795.90	1945.80	479.40	569.20	783.80	372.30	114.80	159.60	714.80	564.70
城市暂住人口数	万人	429.54	864.43	184.76	193.73	179.90	181.82	19.27	68.31	345.08	276.07
城市常住人口总数	万人	2649.83	4545.90	1651.81	1802.95	2132.88	901.43	297.88	439.87	2677.08	914.01
每万人拥有城市卫生技术人员数	人	77	100	102	120	102	111	125	104	103	116
医院数量	座	858	2481	1449	1405	1270	699	222	213	803	806
社会组织单位	个	18561	45535	14742	23011	31210	21554	5997	5070	29485	17288
人身险保费收入	亿元	751.75	1647.57	281.6	428.13	797.66	359.33	62.03	145.79	539.37	440.18
城市商业险收入	亿元	965.50	2204.91	496.26	690.20	1052.37	490.32	106.89	211.14	780.60	645.56
工伤保险年末参保人数	万人	765.73	1472.06	529.94	541.91	629.61	278.74	95.93	143.79	551.31	338.22
城区面积	平方公里	7781	9314	4049	3304	2619	2022	739	956	5306	4566
城市行政区域总面积	平方公里	43263.52	92234.06	41808.54	91678.06	56687.11	89281.63	203423.45	21889.03	78641.38	148694.54
安全薄弱区域用地（工业用地＋物流仓储用地）面积	平方公里	358.01	616.55	183.47	170.32	202.2	245.27	36.61	58.83	283.21	158.24
建筑业企业从业人员	万人	205.54	364.57	71.58	120.21	129.83	46.01	6.01	11.09	118.51	15.49
市辖区道路面积	万平方米	26320	56342	20027	18536	24556	15074	4133	8193	32100	23057

续表

数据名称	单位	重庆	四川	贵州	云南	陕西	甘肃	青海	宁夏	广西	内蒙古
城市道路照明灯	盏	899100	2166500	820600	761700	852900	434900	152600	248100	831100	622300
接入固定宽带的家庭数	万户	984.30	2013.90	815.20	989.40	1213.60	661.30	152.10	246.90	1043.90	701.50
移动电话普及率	部/百人	116.77	111.55	110.85	107.58	120.83	110.23	114.56	119.46	109.42	125.71
天然气管道长度	千米	24266	75350	9338	9760	28700	4625	4666	7566	12985	11891
地震台数总数	座	57	417	28	798	245	460	119	89	135	148
自动气象站站点个数	个	1805	5472	2722	2711	1952	1478	549	861	2484	1727
光缆线路长度	万千米	141.53	374.80	134.61	237.13	179.57	104.26	37.00	29.38	243.05	157.78
城市应急避难场所面积	平方公里	127.39	410.36	103.25	153.43	211.91	117.05	44.25	91.81	285.74	177.88
救灾储备机构库房建筑面积	平方公里	36.62	85.97	30.57	41.44	32.33	41.99	13.47	10.05	51.79	34.58
各类医疗卫生机构床位数	万张	71.03	87	90.73	86.17	83.5	85.8	90.64	67.9	73.91	88.28
建成区绿化覆盖率	%	42.60	43.10	41.80	42.50	41.80	36.30	34.80	42.00	40.20	42.00
年因灾死亡人数	人	19	31	5	38	56	1	13	2	7	23
年因灾直接经济损失	亿元	29.80	248.70	30.20	104.90	317.30	67.30	45.70	13.70	22.80	76.40
城市生产总值	亿元	27894.00	53850.80	19586.40	27146.80	29801.00	10243.30	3346.60	4522.30	24740.90	20514.20
城市受灾人口数	万人	140.00	714.30	244.60	791.50	834.50	389.10	49.50	132.20	261.10	232.10
公共安全财政支出	亿元	273.20	531.89	274.27	375.60	289.72	193.55	93.90	63.95	288.38	249.79
医疗卫生财政支出	亿元	427.72	1044.14	542.07	725.99	565.72	390.38	176.33	110.72	613.75	362.73
交通运输支出	亿元	277.44	717.35	336.45	601.4	325.83	287.29	189.44	84.35	335.51	345.99

第七章 实证区域数据分析——我国西部地区城市安全韧性指标数据

表 7-4 2017 年指标计算变量原始数据

数据名称	单位	重庆	四川	贵州	云南	陕西	甘肃	青海	宁夏	广西	内蒙古
建成区常住人口密度	万人/平方公里	0.79	0.73	0.63	0.75	0.78	0.61	0.88	0.51	0.63	0.53
城镇职工基本医疗保险水平	万人	640.3	1526.4	410.4	491.3	619.8	320.2	94	123.5	556.7	495.1
暂住人口比例	%	16.84	12.13	8.59	7.35	5.37	14.40	9.34	17.23	9.53	19.38
城市卫生技术人才储备水平	人	79	85	156	146	116	87	220	106	91	130
医院数量水平	座/百平方公里	1.73	2.69	3.72	1.48	2.34	0.60	0.13	0.88	0.86	0.49
社会组织单位水平	个	16824	42282	12700	23184	24725	27079	5291	6548	24567	15116
人身意外保险收入	亿元	560.13	1441.28	210.05	357.52	654.8	254.06	46.86	109.25	369.13	390.23
城市商业保险收入	亿元	744	1937.64	389.31	612.66	869.01	366.38	80.2	165.29	565.11	570.06
工伤保险覆盖人员数	万人	504.61	876.04	332.48	383.67	459.35	198.58	64.85	90.35	388.79	307.76
土地开发强度	%	17.20	10.14	9.32	3.72	5.34	1.82	0.41	9.11	8.45	3.32
安全薄弱区域用地面积比例	%	19.37	18.42	18.58	13.93	13.45	23.21	13.33	12.24	19.30	16.52
建筑业企业从业人员数	万人	224.79	352.83	77.64	152.72	137.98	56.88	11	12.42	126.15	27.7
路网密度	%	43.95	41.22	26.13	13.98	35.75	12.21	1.66	27.62	28.92	14.47
城市交通照明设施水平	盏	584172	1344947	584172	500123	500123	318333	131213	247589	695594	584422
移动电话普及率	部/百人	106.49	92.67	97.36	88.08	110.04	96.22	102.09	116.16	89.77	112.36

续表

数据名称	单位	重庆	四川	贵州	云南	陕西	甘肃	青海	宁夏	广西	内蒙古
接入固定宽带家庭数	万户	661.4	1430.3	436.7	694.2	662.2	380	105.9	140.6	671.8	390.5
燃气供应设施水平	千米	22320	49338	6414	5947	16567	3140	2244	6279	5513	9680
地震监测设施水平	座/万平方公里	2.31	13.59	2.05	29.47	18.96	11.44	2.34	7.17	11.82	4.56
气象灾害监测预报预警信息公众覆盖率	个/百平方公里	4.62	5.77	8.63	4.03	3.13	2.47	0.26	3.77	3.50	1.15
城市智能化管网密度	千米/平方公里	21.51	30.40	25.34	12.83	22.15	8.30	1.26	8.38	15.95	6.70
人均避难场所面积	平方米/人	4.57	8.40	8.04	8.12	16.64	14.63	15.72	17.23	6.53	15.44
每万人救灾储备机构库房建筑面积	平方米/万人	12446.18	17168.53	20368.89	22018.12	15596.45	33899.63	59158.03	39546.53	21932.65	49131.09
万人医疗卫生机构床位数	张/万人	76.93	79.48	144.13	114.25	87.05	78.18	175.28	81.04	63.53	105.13
绿化覆盖率	%	40.32	40.00	37.01	38.87	39.88	33.28	32.55	40.41	39.12	40.22
每百万人口因灾死亡率	%	0.02	0.05	0.05	0.07	0.04	0.02	0.07	0.00	0.04	0.02
年因灾直接经济损失占地区生产总值的比例	%	0.12	0.41	0.42	0.41	0.76	1.43	0.71	0.37	0.56	0.85
年受灾人数比例	%	6.58	5.29	18.50	17.56	22.94	35.89	48.57	40.57	7.56	47.53
公共安全财政支出	亿元	235.91	471.42	268.09	343.26	241.82	170.38	90.04	64.59	283.17	250.09
医疗卫生财政支出	亿元	353.79	526.68	336.91	511.24	304.03	285.75	95.38	100.82	244.09	344.38
交通运输财政支出	亿元	287.97	218.41	253.80	291.16	399.12	321.54	110.17	138.48	180.81	466.86

第七章 实证区域数据分析——我国西部地区城市安全韧性指标数据

表 7-5 2019 年指标计算变量原始数据

数据名称	单位	重庆	四川	贵州	云南	陕西	甘肃	青海	宁夏	广西	内蒙古
建成区常住人口密度	万人/平方公里	0.78	0.72	0.63	0.73	0.85	0.61	0.84	0.46	0.60	0.53
城镇职工基本医疗保险水平	万人	720.6	1778.1	462	528	712.9	344.3	103.7	141.1	620.5	530.7
暂住人口比例	%	15.70	11.67	9.62	9.16	6.22	13.03	7.72	16.87	11.44	20.46
城市卫生技术人才储备水平	人	93	95	94	138	110	102	133	111	94	144
医院数量水平	座/百平方公里	1.96	2.84	3.70	1.58	2.28	0.81	0.11	0.99	0.96	0.53
社会组织单位水平	个	17553	44932	13753	23640	30548	24644	6084	6083	27118	16998
人身意外保险收入	亿元	696.24	1635.33	265.85	445.07	816.25	306.34	56.68	129.51	448.14	516.86
城市商业保险收入	亿元	916.46	2148.66	489.26	742.1	1033.49	444.32	98.44	197.67	664.92	729.82
工伤保险覆盖人员数	万人	661.67	1177.14	408.51	438.51	577.42	244.1	73.99	119.58	442.23	338.24
土地开发强度	%	17.71	10.12	10.08	3.67	4.58	2.23	0.35	4.29	8.27	3.42
安全薄弱区域用地面积比例	%	19.41	18.29	18.43	13.33	15.31	27.64	14.54	12.13	16.41	15.64
建筑业企业从业人员数	万人	216.18	351.36	80	141.54	145.21	50.85	8.1	11.25	141.94	20.52
路网密度	%	51.22	50.46	32.54	17.23	39.67	14.06	1.92	34.34	38.02	14.51
城市交通照明设施水平	盏	775469	1550215	626167	623986	824590	354166	146458	238104	654416	576538
移动电话普及率	部/百人	117.75	112.76	111.78	100.1	119.72	103.92	110.73	119.24	103.38	118.59

续表

数据名称	单位	重庆	四川	贵州	云南	陕西	甘肃	青海	宁夏	广西	内蒙古
接入固定宽带家庭数	万户	920.4	1830.7	715.6	783.9	878.2	548.7	130.3	204.9	845.9	594.8
燃气供应设施水平	千米	23613	57055	7816	7904	21514	3817	2500	6906	8456	10145
地震监测设施水平	座/万平方公里	11.09	13.28	5.80	30.00	18.48	11.41	1.97	6.76	11.81	4.51
气象灾害监测预报预警信息公众覆盖率	个/百平方公里	4.17	5.97	8.35	2.96	2.97	1.78	0.27	3.90	3.28	1.12
城市智能化管网密度	千米/平方公里	27.78	39.12	31.78	22.93	28.89	10.03	1.65	10.82	25.01	8.81
人均避难场所面积	平方米/人	4.94	9.12	7.22	9.82	11.47	12.49	17.09	23.78	10.28	15.14
每万人救灾储备机构库房建筑面积	平方米/万人	12257.89	18257.87	25881.50	20680.23	16732.80	45693.43	72190.21	40166.81	19294.80	51379.16
万人医疗卫生机构床位数	张/万人	87.85	86.02	81.61	104.14	80.46	90.81	105.52	79.31	66.12	113.87
绿化覆盖率	%	41.82	41.85	39.42	39.73	39.32	36.03	35.21	41.34	40.76	40.52
每百万人口因灾死亡率	%	0.01	0.04	0.05	0.04	0.03	0.02	0.04	0.01	0.04	0.01
年因灾直接经济损失占地区生产总值的比例	%	0.08	0.74	0.28	0.44	0.23	0.53	0.49	0.08	0.47	0.27
年受灾人数比例	%	5.68	11.69	18.99	55.20	23.07	24.68	37.36	4.23	14.72	22.11
公共安全财政支出	亿元	268.66	525.64	280.06	382.83	285.9	191.29	89.57	66.74	312.18	249.06
医疗卫生财政支出	亿元	383.26	687.83	347.79	542.81	283.94	360.35	172.6	88.87	219.49	403.38
交通运输财政支出	亿元	292.35	487.60	277.20	949.40	458.80	224.50	86.90	14.60	356.00	220.70

第七章 实证区域数据分析——我国西部地区城市安全韧性指标数据

表 7-6 2021 年指标计算变量原始数据

数据名称	单位	重庆	四川	贵州	云南	陕西	甘肃	青海	宁夏	广西	内蒙古
建成区常住人口密度	万人/平方公里	0.80	0.75	0.61	0.62	0.82	0.57	0.77	0.47	0.61	0.54
城镇职工基本医疗保险水平	万人	795.9	1945.8	479.4	569.2	783.8	372.3	114.8	159.6	714.8	564.7
暂住人口比例	%	13.95	15.98	10.06	9.70	7.78	16.78	6.08	13.44	11.42	23.20
城市卫生技术人才储备水平	人	77	100	102	120	102	111	125	104	103	116
医院数量水平	座/百平方公里	1.98	2.69	3.47	1.53	2.24	0.78	0.11	0.97	1.02	0.54
社会组织单位水平	个	18561	45535	14742	23011	31210	21554	5997	5070	29485	17288
人身意外保险收入	亿元	751.75	1647.57	281.6	428.13	797.66	359.33	62.03	145.79	539.37	440.18
城市商业保险收入	亿元	965.5	2204.91	496.26	690.2	1052.37	490.32	106.89	211.14	780.6	645.56
工伤保险覆盖人员数	万人	765.73	1472.06	529.94	541.91	629.61	278.74	95.93	143.79	551.31	338.22
土地开发强度	%	17.99	10.10	9.68	3.60	4.62	2.26	0.36	4.37	6.75	3.07
安全薄弱区域用地面积比例	%	21.76	18.31	15.46	13.60	13.24	26.43	14.70	11.88	16.87	12.45
建筑业企业从业人员数	万人	205.54	364.57	71.58	120.21	129.83	46.01	6.01	11.09	118.51	15.49
路网密度	%	60.84	61.09	47.90	20.22	43.32	16.88	2.03	37.43	40.82	15.51
城市交通照明设施水平	盏	899100	2166500	820600	761700	852900	434900	152600	248100	831100	622300
移动电话普及率	部/百人	116.77	111.55	110.85	107.58	120.83	110.23	114.56	119.46	109.42	125.71

续表

数据名称	单位	重庆	四川	贵州	云南	陕西	甘肃	青海	宁夏	广西	内蒙古
接入固定宽带家庭数	万户	984.3	2013.9	815.2	989.4	1213.6	661.3	152.1	246.9	1043.9	701.5
燃气供应设施水平	千米	24266	75350	9938	9760	28700	4625	4666	7566	12985	11891
地震监测设施水平	座/万平方公里	13.18	45.21	6.70	87.04	43.22	51.52	5.85	40.66	17.17	9.95
气象灾害监测预报预警信息公众覆盖率	个/百平方公里	4.17	5.93	6.51	2.96	3.44	1.66	0.27	3.93	3.16	1.16
城市智能化管网密度	千米/平方公里	327134.73	406357.48	321967.71	258655.12	316773.95	116776.54	18188.66	134222.48	309061.21	106110.15
人均避难场所面积	平方米/人	4.81	9.03	6.25	8.51	9.94	12.98	14.85	20.87	10.67	19.46
每万人救灾储备机构库房建筑面积	平方米/万人	13819.75	18911.55	18506.97	22984.55	15157.91	46581.54	45219.55	22847.66	19345.71	37833.28
万人医疗卫生机构床位数	张/万人	71.03	87.00	90.73	86.17	83.50	85.80	90.64	67.90	73.91	88.28
绿化覆盖率	%	42.60	43.10	41.80	42.50	41.80	36.30	34.80	42.00	40.20	42.00
每百万人口因灾死亡率	%	0.01	0.01	0.00	0.02	0.03	0.00	0.04	0.00	0.00	0.03
年因灾直接经济损失占地区生产总值的比例	%	0.11	0.46	0.15	0.39	1.06	0.66	1.37	0.30	0.09	0.37
年受灾人数比例	%	5.28	15.71	14.81	43.90	39.13	43.16	16.62	30.05	9.75	25.39
公共安全财政支出	亿元	273.2	531.89	274.27	375.6	289.72	193.55	93.9	63.95	288.38	249.79
医疗卫生财政支出	亿元	427.72	717.35	336.45	601.4	325.83	287.29	189.44	84.35	335.51	345.99
交通运输财政支出	亿元	277.44	714.30	244.60	791.50	834.50	389.10	49.50	132.20	261.10	232.10

第七章 实证区域数据分析——我国西部地区城市安全韧性指标数据

表 7-7　2017 年各底层指标突变级数值

指标	重庆	四川	贵州	云南	陕西	甘肃	青海	宁夏	广西	内蒙古
建成区常住人口密度	0.790	0.649	0.418	0.701	0.764	0.367	1.000	0.120	0.419	0.164
城镇职工基本医疗保险水平	0.295	0.774	0.171	0.215	0.284	0.122	0.000	0.016	0.250	0.217
暂住人口比例	0.357	0.621	0.820	0.889	1.000	0.494	0.778	0.335	0.767	0.214
城市科技人才储备水平	0.014	0.056	0.552	0.483	0.273	0.070	1.000	0.203	0.098	0.371
医院数量水平	0.450	0.716	1.000	0.379	0.620	0.137	0.005	0.214	0.208	0.105
社会组织单位水平	0.290	0.920	0.189	0.448	0.486	0.544	0.005	0.037	0.482	0.248
人身意外保险收入	0.321	0.871	0.102	0.194	0.380	0.129	0.000	0.039	0.201	0.215
城市商业保险收入	0.312	0.874	0.145	0.251	0.371	0.135	0.000	0.040	0.228	0.231
工伤保险覆盖人员数	0.313	0.576	0.190	0.227	0.280	0.095	0.000	0.018	0.230	0.173
土地开发强度	0.955	0.555	0.508	0.191	0.283	0.083	0.003	0.497	0.459	0.168
安全薄弱区域用地面积比例	0.525	0.585	0.575	0.870	0.901	0.281	0.909	0.977	0.529	0.706
建筑业企业从业人员数	0.610	0.967	0.200	0.409	0.368	0.142	0.014	0.018	0.335	0.060
路网密度	0.712	0.666	0.412	0.207	0.574	0.178	0.000	0.437	0.459	0.216
城市交通照明设施水平	0.223	0.596	0.223	0.181	0.181	0.092	0.000	0.057	0.277	0.223
移动电话普及率	0.489	0.122	0.247	0.000	0.584	0.216	0.372	0.746	0.045	0.645
接入固定宽带家庭数	0.291	0.694	0.173	0.308	0.292	0.144	0.000	0.018	0.297	0.149
燃气供应设施水平	0.275	0.644	0.057	0.051	0.196	0.012	0.000	0.055	0.045	0.102
地震监测设施水平	0.004	0.137	0.001	0.323	0.200	0.111	0.004	0.061	0.116	0.030
气象灾害监测预报预警信息公众覆盖率	0.521	0.658	1.000	0.450	0.343	0.264	0.000	0.419	0.387	0.106
城市智能化管网密度	0.514	0.740	0.612	0.294	0.531	0.179	0.000	0.181	0.373	0.138

续表

指标	突变级数值									
	重庆	四川	贵州	云南	陕西	甘肃	青海	宁夏	广西	内蒙古
人均避难场所面积	0.000	0.199	0.181	0.185	0.628	0.524	0.580	0.659	0.102	0.566
每万人救灾储备机构库房建筑面积	0.003	0.082	0.135	0.163	0.056	0.361	0.783	0.455	0.161	0.615
万人医疗卫生机构床位数	0.120	0.143	0.721	0.454	0.210	0.131	1.000	0.157	0.000	0.372
绿化覆盖率	0.736	0.706	0.423	0.599	0.695	0.069	0.000	0.745	0.623	0.727
每百万人口因灾死亡率	0.721	0.399	0.338	0.115	0.471	0.672	0.000	1.000	0.487	0.755
年因灾直接经济损失占地区生产总值的比例	0.967	0.757	0.745	0.751	0.497	0.000	0.536	0.780	0.646	0.431
年受灾人数比例	0.954	0.979	0.720	0.738	0.633	0.379	0.130	0.287	0.935	0.150
公共安全财政支出	0.367	0.871	0.436	0.597	0.380	0.227	0.056	0.001	0.468	0.398
医疗卫生财政支出	0.314	0.870	0.410	0.539	0.389	0.239	0.048	0.016	0.498	0.278
交通运输财政支出	0.304	0.608	0.366	0.588	0.324	0.301	0.058	0.065	0.248	0.376

表 7-8 2019 年各底层指标突变级数值

指标	突变级数值									
	重庆	四川	贵州	云南	陕西	甘肃	青海	宁夏	广西	内蒙古
建成区常住人口密度	0.770	0.626	0.409	0.650	0.939	0.361	0.915	0.000	0.337	0.169
城镇职工基本医疗保险水平	0.338	0.909	0.199	0.234	0.334	0.135	0.005	0.025	0.284	0.236
暂住人口比例	0.404	0.628	0.740	0.796	0.965	0.572	0.853	0.348	0.684	0.179
城市卫生技术人才储备水平	0.112	0.126	0.119	0.427	0.231	0.175	0.392	0.238	0.119	0.469
医院数量水平	0.513	0.757	0.996	0.408	0.602	0.194	0.000	0.244	0.236	0.117

第七章 实证区域数据分析——我国西部地区城市安全韧性指标数据

续表

突变级数值

指标	重庆	四川	贵州	云南	陕西	甘肃	青海	宁夏	广西	内蒙古
社会组织单位水平	0.308	0.985	0.215	0.459	0.630	0.484	0.025	0.025	0.545	0.295
人身意外保险收入	0.406	0.992	0.137	0.249	0.481	0.162	0.006	0.052	0.251	0.294
城市商业保险收入	0.394	0.974	0.193	0.312	0.449	0.171	0.009	0.055	0.275	0.306
工伤保险覆盖人员数	0.424	0.790	0.244	0.266	0.364	0.127	0.006	0.039	0.268	0.194
土地开发强度	0.984	0.554	0.552	0.188	0.240	0.107	0.000	0.223	0.449	0.174
安全薄弱区域用地面积比例	0.523	0.594	0.584	0.908	0.783	0.000	0.832	0.985	0.713	0.762
建筑业企业从业人员数	0.586	0.963	0.206	0.378	0.388	0.125	0.006	0.015	0.379	0.040
路网密度	0.834	0.821	0.520	0.262	0.640	0.209	0.004	0.550	0.612	0.216
城市交通照明设施水平	0.317	0.697	0.243	0.242	0.341	0.110	0.007	0.053	0.257	0.219
移动电话普及率	0.788	0.656	0.630	0.319	0.841	0.421	0.602	0.828	0.407	0.811
接入固定宽带家庭数	0.427	0.904	0.320	0.355	0.405	0.232	0.013	0.052	0.388	0.256
燃气供应设施水平	0.292	0.750	0.076	0.077	0.264	0.022	0.004	0.064	0.085	0.108
地震监测设施水平	0.107	0.133	0.045	0.329	0.194	0.111	0.000	0.056	0.116	0.030
气象灾害监测预报预警信息公众覆盖率	0.467	0.682	0.967	0.323	0.324	0.181	0.001	0.435	0.361	0.103
城市智能化管网密度	0.673	0.962	0.775	0.550	0.702	0.223	0.010	0.243	0.603	0.192
人均避难场所面积	0.019	0.237	0.138	0.273	0.359	0.412	0.652	1.000	0.297	0.550
每万人救灾储备机构车房建筑面积	0.000	0.100	0.227	0.141	0.075	0.558	1.000	0.466	0.117	0.653
万人医疗卫生机构床位数	0.218	0.201	0.162	0.363	0.151	0.244	0.376	0.141	0.023	0.450
绿化覆盖率	0.877	0.877	0.649	0.678	0.640	0.327	0.251	0.829	0.782	0.754
每百万人口因灾死亡率	0.860	0.491	0.305	0.457	0.651	0.677	0.484	0.884	0.426	0.893

续表

指标	突变级数值									
	重庆	四川	贵州	云南	陕西	甘肃	青海	宁夏	广西	内蒙古
年因灾直接经济损失占地区生产总值的比例	0.996	0.515	0.850	0.733	0.889	0.664	0.698	1.000	0.708	0.856
年受灾人数比例	0.971	0.854	0.710	0.000	0.630	0.599	0.350	1.000	0.794	0.649
公共安全财政支出	0.437	0.987	0.462	0.681	0.474	0.272	0.055	0.006	0.530	0.396
医疗卫生财政支出	0.348	1.000	0.524	0.610	0.445	0.282	0.074	0.026	0.560	0.277
交通运输财政支出	0.309	0.813	0.380	0.628	0.299	0.396	0.157	0.050	0.217	0.451

表 7-9 2021 年各底层指标突变级数值

指标	突变级数值									
	重庆	四川	贵州	云南	陕西	甘肃	青海	宁夏	广西	内蒙古
建成区常住人口密度	0.828	0.690	0.365	0.375	0.872	0.264	0.741	0.014	0.366	0.185
城镇职工基本医疗保险水平	0.379	1.000	0.208	0.257	0.373	0.150	0.011	0.035	0.335	0.254
暂住人口比例	0.519	0.405	0.737	0.757	0.865	0.360	0.961	0.547	0.661	0.000
城市卫生技术人才储备水平	0.000	0.161	0.175	0.301	0.175	0.238	0.336	0.189	0.182	0.273
医院数量水平	0.520	0.716	0.931	0.395	0.591	0.187	0.000	0.240	0.253	0.120
社会组织单位水平	0.333	1.000	0.239	0.443	0.646	0.407	0.023	0.000	0.603	0.302
人身意外保险收入	0.440	1.000	0.147	0.238	0.469	0.195	0.009	0.062	0.308	0.246
城市商业保险收入	0.417	1.000	0.196	0.287	0.458	0.193	0.013	0.062	0.330	0.266
工伤保险覆盖人员数	0.498	1.000	0.331	0.339	0.401	0.152	0.022	0.056	0.346	0.194
土地开发强度	1.000	0.553	0.529	0.184	0.242	0.108	0.001	0.228	0.363	0.154
安全薄弱区域用地面积比例	0.373	0.592	0.773	0.891	0.914	0.077	0.821	1.000	0.684	0.964

续表

指标	突变级数值								
	重庆	四川	贵州	云南	陕西	甘肃	青海	宁夏	广西	内蒙古
建筑业企业从业人员数	0.556	1.000	0.183	0.318	0.345	0.112	0.000	0.014	0.314	0.026
路网密度	0.996	1.000	0.778	0.312	0.701	0.256	0.006	0.602	0.659	0.233
城市交通照明设施水平	0.377	1.000	0.339	0.310	0.355	0.149	0.011	0.057	0.344	0.241
移动电话普及率	0.762	0.624	0.605	0.518	0.870	0.589	0.704	0.834	0.567	1.000
接入固定宽带家庭数	0.460	1.000	0.372	0.463	0.581	0.291	0.024	0.074	0.492	0.312
燃气供应设施水平	0.301	1.000	0.105	0.103	0.362	0.033	0.033	0.073	0.147	0.132
地震监测设施水平	0.132	0.508	0.056	1.000	0.485	0.582	0.046	0.455	0.179	0.094
气象灾害监测预报预警信息公众覆盖率	0.467	0.678	0.747	0.322	0.380	0.167	0.001	0.439	0.346	0.107
城市智能化管网密度	0.799	1.000	0.786	0.625	0.772	0.264	0.014	0.309	0.753	0.237
人均避难场所面积	0.012	0.232	0.088	0.205	0.279	0.438	0.535	0.849	0.318	0.775
每万人救灾储备机构库房建筑面积	0.026	0.111	0.104	0.179	0.048	0.573	0.550	0.177	0.118	0.427
万人医疗卫生机构床位数	0.067	0.210	0.243	0.203	0.179	0.199	0.243	0.039	0.093	0.221
绿化覆盖率	0.953	1.000	0.877	0.943	0.877	0.355	0.213	0.896	0.725	0.896
每百万人口因灾死亡率	0.904	0.909	0.960	0.719	0.650	0.985	0.418	0.939	0.965	0.664
年因灾直接经济损失占地区生产总值的比例	0.978	0.716	0.943	0.772	0.271	0.572	0.049	0.834	0.989	0.782
年受灾人数比例	0.979	0.775	0.792	0.222	0.315	0.236	0.757	0.493	0.892	0.585
公共安全财政支出	0.447	1.000	0.449	0.666	0.482	0.277	0.064	0.000	0.480	0.397
医疗卫生财政支出	0.400	0.737	0.294	0.602	0.281	0.236	0.122	0.000	0.292	0.305
交通运输财政支出	0.290	0.847	0.249	0.945	1.000	0.433	0.000	0.105	0.270	0.233

二、指标权重的确定

(一) 专家调查法获取指标相对重要性数值

本次研究采用专家调查法来对指标间相对重要性进行判断，即邀请相应数量的专家对各个层次指标相互间的相对重要性进行对比，从而得到指标相对重要性数值。因为指标间暂不存在极端相对不重要和极端相对重要的情况，其相对重要性选择1～5标度法，专家凭借相关经验对指标间的相对重要性进行判断并将得到的量化结果填入对应表格内，表格详见附录C。调查方式则选用线上线下相结合，即线上采取电子邮件等方式，线下采取访谈等方式。

为确保计算权重结果的时效性，还应该注意以下几点：首先，考虑项目实际的需要确定专家数量，专家数量过少会对评价的准确性造成影响，专家数量过多则会造成数据收集困难，工作量过大。其次，选择多种专家类型，避免因专家工作性质、研究环境和立场差异对评价结果造成一定偏差。此外，此部分获取的数据同样需要进行筛选整理，剔除明显有很大偏差或极不符合实际情况的数据。

(二) 基于层次分析法的指标权重计算

通过对专家调查结果分析获取到多领域专家对指标相对重要性的评价与界定，并采用层次分析法的近似算法方根法计算出指标权重系数。

1. 一级指标的权重以及一致性检验

相对于城市安全韧性（A）这个总目标，其一级指标层内有"城市人员安全韧性（B1）""城市设施安全韧性（B2）""城市管理安全韧性（B3）"这3个指标，其经过打分均值后的各指标之间相对重要性数值见表7-10 A-B判断矩阵。

表7-10 A-B判断矩阵

总目标A判断矩阵	B1	B2	B3
B1	1	1/2	2
B2	2	1	3
B3	1/2	1/3	1

那么A-B判断矩阵：$\boldsymbol{A} = \begin{pmatrix} 1 & 1/2 & 2 \\ 2 & 1 & 3 \\ 1/2 & 1/3 & 1 \end{pmatrix}$

随即运用层次分析法得到权重的相应步骤计算指标权重。

第一步，计算出判断矩阵各行的乘积，用 M_i 表示。

第七章 实证区域数据分析——我国西部地区城市安全韧性指标数据

$$M_i = \prod_{j}^{n} a_{ij}, i=1,2,\cdots,n$$

式中，M_i 表示矩阵中第 i 行的乘积；a_{ij} 代表第 i 行第 j 列的元素。
计算得到各行指标乘积为：

$$M_1 = 1 \times 1/2 \times 2 = 1$$

$$M_2 = 2 \times 1 \times 3 = 6$$

$$M_3 = 1/2 \times 1/3 \times 1 = 1/6$$

第二步，计算出各行 M_i 的方根值，用 $\overline{w_i}$ 表示，计算式为：$\overline{w_i} = \sqrt[n]{M_i}$，$i=1,2,\cdots,n$。计算得到各行方根值为：

$$\overline{w_1} = \sqrt[3]{1} = 1.000$$

$$\overline{w_2} = \sqrt[3]{6} = 1.817$$

$$\overline{w_3} = \sqrt[3]{1/6} = 0.550$$

第三步，将 $(\overline{w_1} \quad \overline{w_2} \quad \overline{w_3})^T$ 进行归一化处理，依据公式 $w_i = \dfrac{\overline{w_i}}{\sum\limits_{j=1}^{n} \overline{w_j}}$ 求出各 w_i，最终得出 w_i 即为各指标权重值。

计算得出：

$$w_1 = 0.297; w_2 = 0.539; w_3 = 0.164$$

由 $w_1 + w_2 + w_3 = 1$ 可知，同一层各指标重要性符合同一层各指标赋值为 1 的规定。得出特征向量 $\boldsymbol{w} = (0.297 \quad 0.163 \quad 0.540)^T$。

第四步，判断矩阵的一致性。

先计算最大特征根 λ_{max}

$$\boldsymbol{Aw} = \begin{pmatrix} 1 & 1/2 & 2 \\ 2 & 1 & 3 \\ 1/2 & 1/3 & 1 \end{pmatrix} \times \begin{pmatrix} 0.297 \\ 0.539 \\ 0.164 \end{pmatrix} = \begin{pmatrix} 0.895 \\ 1.625 \\ 0.492 \end{pmatrix}$$

$$\lambda_{max} = \sum_{i=1}^{n} \frac{(\boldsymbol{Aw})_i}{n w_i} = \frac{0.895}{3 \times 0.297} + \frac{1.625}{3 \times 0.539} + \frac{0.492}{3 \times 0.164} = 3.009$$

然后再计算出判断矩阵偏离一致性指标 CI 值。通过查询平均随机一致性指标表（见表 7-11 一致性指标 RI 数值，其中 1 阶、2 阶总是完全一致），根据矩阵阶数找出 RI 的值，求出 CI/RI，判断矩阵是否通过一致性检验。

表 7-11 一致性指标 RI 的数值[64]

n	3	4	5	6	7	8	9	10
RI	0.52	0.89	1.12	1.26	1.36	1.41	1.46	1.49

由表 7-11 查得 $RI=0.52$。

$$CI = \frac{\lambda_{\max} - n}{n-1} = \frac{3.009-3}{3-1} = 0.005$$

一致性比率 $CR = \frac{CI}{RI} = 0.009$，计算结果小于 0.10，说明该判断矩阵的一致性比率可以接受。

将以上一级指标权重系数的计算过程反映在表 7-12 中：

表 7-12 A-B 判断矩阵权重确定及一致性检验表

A(B1,B2,B3)判断矩阵				特征向量(指标权重)	一致性检验
A	B1	B2	B3	w_i	
B1	1	1/2	2	0.297	$CI=0.005$
B2	2	1	3	0.539	$RI=0.52$
B3	1/2	1/3	1	0.164	$CR=0.009<0.10$

2. 二级指标的权重及一致性检验

按照上述步骤依次确定基于二级指标相对重要性 B-C 判断矩阵表，求出二级指标的权重数值，将特征向量和一致性检验分别反映在表格中。

（1）"城市人员安全韧性（B1）"下的指标权重及一致性检验

一级指标"城市人员安全韧性（B1）"下，3 个二级指标"人口基本属性（C1）""社会参与准备（C2）""安全感与安全文化（C3）"的权重确定过程见表 7-13。

表 7-13 "城市人员安全韧性（B1）"下的指标权重确定及一致性检验表

B1(C1,C2,C3)判断矩阵				特征向量(指标权重)	一致性检验
B1	C1	C2	C3	w_i	
C1	1	3	2	0.525	$CI=0.027$
C2	1/3	1	1/3	0.141	$RI=0.52$
C3	1/2	3	1	0.334	$CR=0.052<0.10$

（2）"城市设施安全韧性（B2）"下的指标权重及一致性检验

一级指标"城市设施安全韧性（B2）"下，5 个二级指标"建筑工程（C4）""交通设施（C5）""生命线工程设施（C6）""监测预警设施（C7）"

"应急保障设施（C8）"的权重确定过程见表7-14。

表7-14 "城市设施安全韧性（B2）"下的指标权重确定及一致性检验表

B2(C4,C5,C6,C7,C8)判断矩阵						特征向量(指标权重)	一致性检验
B2	C4	C5	C6	C7	C8	w_i	
C4	1	1/2	1/3	2	3	0.161	$CI=0.017$
C5	2	1	1/2	3	4	0.262	$RI=1.12$
C6	3	2	1	4	5	0.416	$CR=0.015<0.10$
C7	1/2	1/3	1/4	1	2	0.099	
C8	1/3	1/4	1/5	1/2	1	0.062	

（3）"城市管理安全韧性（B3）"下的指标权重及一致性检验

一级指标"城市管理安全韧性（B3）"下，2个二级指标"风险控制水平（C9）""支撑保障投入（C10）"的权重确定过程见表7-15。

表7-15 "城市管理安全韧性（B3）"下的指标权重确定及一致性检验表

特征向量(指标权重)				一致性检验
B3	C9	C10	w_i	
C9	1	1/3	0.250	2阶总是完全一致
C10	3	1	0.750	

3. 三级指标的权重及一致性检验

按照上述步骤依次确定基于三级指标相对重要性C-D判断矩阵表，求出三级指标的权重数值，将特征向量和一致性检验分别反映在表格中。

（1）"人口基本属性（C1）"下的指标权重及一致性检验

二级指标"人口基本属性（C1）"下，3个三级指标"建成区常住人口密度（D1）""城镇职工基本医疗保险水平（D2）""暂住人口比例（D3）"的权重确定过程见表7-16。

表7-16 "人口基本属性（C1）"下的指标权重确定及一致性检验表

C1(D1,D2,D3)判断矩阵				特征向量(指标权重)	一致性检验
C1	D1	D2	D3	w_i	
D1	1	1/3	1/2	0.164	$CI=0.005$
D2	3	1	2	0.539	$RI=0.52$
D3	2	1/2	1	0.297	$CR=0.010<0.10$

（2）"社会参与准备（C2）"下的指标权重及一致性检验

二级指标"社会参与准备（C2）"下，3个三级指标"城市卫生技术人才储备水平（D4）""医院数量水平（D5）""社会组织单位水平（D6）"的权重确定过程见表7-17。

表7-17 "社会参与准备（C2）"下的指标权重确定及一致性检验表

C1(D4,D5,D6)判断矩阵				特征向量(指标权重)	一致性检验
C1	D4	D5	D6	w_i	
D4	1	2	2	0.490	$CI=0.027$
D5	1/2	1	1/2	0.198	$RI=0.52$
D6	1/2	2	1	0.312	$CR=0.052<0.10$

（3）"安全感与安全文化（C3）"下的指标权重及一致性检验

二级指标"安全感与安全文化（C3）"下，3个三级指标"人身意外保险收入（D7）""城市商业保险收入（D8）""工伤保险覆盖人员数（D9）"的权重确定过程见表7-18。

表7-18 "安全感与安全文化（C3）"下的指标权重确定及一致性检验表

C3(D7,D8,D9)判断矩阵				特征向量(指标权重)	一致性检验
C3	D7	D8	D9	w_i	
D7	1	1/3	1/2	0.164	$CI=0.005$
D8	3	1	2	0.539	$RI=0.52$
D9	2	1/2	1	0.297	$CR=0.010<0.10$

（4）"建筑工程（C4）"下的指标权重及一致性检验

二级指标"建筑工程（C4）"下，3个三级指标"土地开发强度（D10）""安全薄弱区域用地面积比例（D11）""建筑业企业从业人员数（D12）"的权重确定过程见表7-19。

表7-19 "建筑工程（C4）"下的指标权重确定及一致性检验表

C4(D10,D11,D12)判断矩阵				特征向量(指标权重)	一致性检验
C4	D10	D11	D12	w_i	
D10	1	1/2	2	0.312	$CI=0.027$
D11	2	1	2	0.490	$RI=0.52$
D12	1/2	1/2	1	0.198	$CR=0.052<0.10$

（5）"交通设施（C5）"下的指标权重及一致性检验

二级指标"交通设施（C5）"下，2个三级指标"路网密度（D13）""城市交通照明设施水平（D14）"的权重确定过程见表7-20。

表7-20 "交通设施（C5）"下的指标权重确定及一致性检验表

C5(D13,D14)判断矩阵			特征向量(指标权重)	一致性检验
C5	D13	D14	w_i	
D13	1	2	0.667	2阶总是完全一致
D14	1/2	1	0.333	

（6）"生命线工程设施（C6）"下的指标权重及一致性检验

二级指标"生命线工程设施（C6）"下，3个三级指标"移动电话普及率（D15）""接入固定宽带家庭数（D16）""燃气供应设施水平（D17）"的权重确定过程见表7-21。

表7-21 "生命线工程设施（C6）"下的指标权重确定及一致性检验表

C6(D15,D16,D17)判断矩阵				特征向量(指标权重)	一致性检验
C6	D15	D16	D17	w_i	
D15	1	1/2	1/2	0.198	$CI=0.027$
D16	2	1	1/2	0.312	$RI=0.52$
D17	2	2	1	0.490	$CR=0.052<0.10$

（7）"监测预警设施（C7）"下的指标权重及一致性检验

二级指标"监测预警设施（C7）"下，3个三级指标"地震监测设施水平（D18）""气象灾害监测预报预警信息公众覆盖率（D19）""城市智能化管网密度（D20）"的权重确定过程见表7-22。

表7-22 "监测预警设施（C7）"下的指标权重确定及一致性检验表

C5(D18,D19,D20)判断矩阵				特征向量(指标权重)	一致性检验
C7	D18	D19	D20	w_i	
D18	1	1	1/2	0.250	$CI=0$
D19	1	1	1/2	0.250	$RI=0.52$
D20	2	2	1	0.500	$CR=0<0.10$

（8）"应急保障设施（C8）"下的指标权重及一致性检验

二级指标"应急保障设施（C8）"下，4个三级指标"人均避难场所面积（D21）""每万人救灾储备机构库房建筑面积（D22）""万人医疗卫生机构床位数（D23）""绿化覆盖率（D24）"的权重确定过程见表7-23。

表 7-23 "应急保障设施（C8）"下的指标权重确定及一致性检验表

C8(D21,D22,D23,D24)判断矩阵					特征向量(指标权重)	一致性检验
C8	D21	D22	D23	D24	w_i	
D21	1	2	3	4	0.472	$CI=0.015$
D22	1/2	1	2	2	0.255	$RI=0.89$
D23	1/3	1/2	1	2	0.165	$CR=0.017<0.10$
D24	1/4	1/2	1/2	1	0.108	

（9）"风险控制水平（C9）"下的指标权重及一致性检验

二级指标"风险控制水平（C9）"下，3个三级指标"每百万人口因灾死亡率（D25）""年因灾直接经济损失占地区生产总值的比例（D26）""年受灾人数比例（D27）"的权重确定过程见表7-24。

表 7-24 "风险控制水平（C9）"下的指标权重确定及一致性检验表

C9(D25,D26,D27)判断矩阵				特征向量(指标权重)	一致性检验
C9	D25	D26	D27	w_i	
D25	1	1/3	1/4	0.123	$CI=0.009$
D26	3	1	1/2	0.320	$RI=0.52$
D27	4	2	1	0.557	$CR=0.017<0.10$

（10）"支撑保障投入（C10）"下的指标权重及一致性检验

二级指标"支撑保障投入（C10）"下，3个三级指标"公共安全财政支出（D28）""医疗卫生财政支出（D29）""交通运输财政支出（D30）"的权重确定过程见表7-25。

表 7-25 "支撑保障投入（C10）"下的指标权重确定及一致性检验表

C10(D28,D29,D30)判断矩阵				特征向量(指标权重)	一致性检验
C10	D28	D29	D30	w_i	
D28	1	2	2	0.490	$CI=0.027$
D29	1/2	1	2	0.312	$RI=0.52$
D30	1/2	1/2	1	0.198	$CR=0.052<0.10$

（三）综合评估指标多层次组合权重及一致性检验

完成底层指标权重的计算后，还需得出第三级、第二级指标的权重，并进行整体的一致性检验。在计算组合权重时，以 A-B-C 层级为例，B级指标对总目标 A

的相对权重为 w_i，C 级指标对所属 B 级指标相对权重为 w_j，则 C 级指标相对于总目标 A 的相对权重为 $w_i w_j$。依次求出二级指标、一级指标相对组合权重后，进行总体一致性检验。总体一致性检验时，以 A-B-C 层级为例；B 级指标相对于上一层权重为 w_i，C 级指标相对于上一层 B 级指标的一致性指标为 CI_i，平均随机一致性指标为 RI_i，则总体一致性比率计算如下：$CR = \dfrac{\sum_{i=1}^{n} w_i CI_i}{\sum_{i=1}^{n} w_i RI_i} < 0.1$，表明判断矩阵总体一致性可接受。

通过软件 yaaph 计算后将各级指标权重汇总如表 7-26。

表 7-26 安全韧性城市评价指标权重表

总目标	一级指标	权重	二级指标	权重	三级指标	权重
城市安全韧性（A）	城市人员安全韧性（B1）	0.297	人口基本属性（C1）	0.156	建成区常住人口密度（D1）	0.026
					城镇职工基本医疗保险水平（D2）	0.084
					暂住人口比例（D3）	0.046
			社会参与准备（C2）	0.042	城市卫生技术人才储备水平（D4）	0.021
					医院数量水平（D5）	0.008
					社会组织单位水平（D6）	0.013
			安全感与安全文化（C3）	0.099	人身意外保险收入（D7）	0.016
					城市商业保险收入（D8）	0.054
					工伤保险覆盖人员数（D9）	0.030
	城市设施安全韧性（B2）	0.539	建筑工程（C4）	0.087	土地开发强度（D10）	0.027
					安全薄弱区域用地面积比例（D11）	0.043
					建筑业企业从业人员数（D12）	0.017
			交通设施（C5）	0.141	路网密度（D13）	0.094
					城市交通照明设施水平（D14）	0.047
			生命线工程设施（C6）	0.224	移动电话普及率（D15）	0.044
					接入固定宽带家庭数（D16）	0.070
					燃气供应设施水平（D17）	0.110
			监测预警设施（C7）	0.053	地震监测设施水平（D18）	0.013
					气象灾害监测预报预警信息公众覆盖率（D19）	0.013
					城市智能化管网密度（D20）	0.027

续表

总目标	一级指标	权重	二级指标	权重	三级指标	权重
城市安全韧性（A）	城市设施安全韧性（B2）	0.539	应急保障设施（C8）	0.034	人均避难场所面积（D21）	0.016
					每万人救灾储备机构库房建筑面积（D22）	0.009
					万人医疗卫生机构床位数（D23）	0.006
					绿化覆盖率（D24）	0.004
	城市管理安全韧性（B3）	0.164	风险控制水平（C9）	0.041	每百万人口因灾死亡率（D25）	0.005
					年因灾直接经济损失占地区生产总值的比例（D26）	0.013
					年受灾人数比例（D27）	0.023
			支撑保障投入（C10）	0.123	公共安全财政支出（D28）	0.060
					医疗卫生财政支出（D29）	0.038
					交通运输财政支出（D30）	0.024

三、西部地区城市安全韧性突变值计算

（一）西部地区城市安全韧性各级指标排序

对西部地区城市安全韧性相关指标的各数据进行处理后需代入对应的突变模型，为了在后续计算中代入合适的突变模型，首先应对同一上层指标下的一级指标、二级指标、三级指标分别进行权重排序。各级指标具体权重排序如表 7-27、表 7-28 和表 7-29 所示。

表 7-27 三级指标在其对应二级指标内权重降序排序

二级指标	三级指标	权重
人口基本属性（C1）	城镇职工基本医疗保险水平（D2）	0.084
	暂住人口比例（D3）	0.046
	建成区常住人口密度（D1）	0.026
社会参与准备（C2）	城市卫生技术人才储备水平（D4）	0.021
	社会组织单位水平（D6）	0.013
	医院数量水平（D5）	0.008
安全感与安全文化（C3）	城市商业保险收入（D8）	0.054
	工伤保险覆盖人员数（D9）	0.030
	人身意外保险收入（D7）	0.016
建筑工程（C4）	安全薄弱区域用地面积比例（D11）	0.043
	土地开发强度（D10）	0.027

续表

二级指标	三级指标	权重
建筑工程(C4)	建筑业企业从业人员数(D12)	0.017
交通设施(C5)	路网密度(D13)	0.094
	城市交通照明设施水平(D14)	0.047
生命线工程设施(C6)	燃气供应设施水平(D17)	0.110
	接入固定宽带家庭数(D16)	0.070
	移动电话普及率(D15)	0.044
监测预警设施(C7)	城市智能化管网密度(D20)	0.027
	气象灾害监测预报预警信息公众覆盖率(D19)	0.013
	地震监测设施水平(D18)	0.013
应急保障设施(C8)	人均避难场所面积(D21)	0.016
	每万人救灾储备机构库房建筑面积(D22)	0.009
	万人医疗卫生机构床位数(D23)	0.006
	绿化覆盖率(D24)	0.004
风险控制水平(C9)	年受灾人数比例(D27)	0.023
	年因灾直接经济损失占地区生产总值的比例(D26)	0.013
	每百万人口因灾死亡率(D25)	0.005
支撑保障投入(C10)	公共安全财政支出(D28)	0.060
	医疗卫生财政支出(D29)	0.038
	交通运输财政支出(D30)	0.024

表 7-28 二级指标在其对应一级指标内权重降序排序

一级指标	二级指标	权重
城市人员安全韧性(B1)	人口基本属性(C1)	0.156
	安全感与安全文化(C3)	0.099
	社会参与准备(C2)	0.042
城市设施安全韧性(B2)	生命线工程设施(C6)	0.224
	交通设施(C5)	0.141
	建筑工程(C4)	0.087
	监测预警设施(C7)	0.053
	应急保障设施(C8)	0.034
城市管理安全韧性(B3)	支撑保障投入(C10)	0.123
	风险控制水平(C9)	0.041

表 7-29　一级指标在其对应总目标内权重降序排序

总目标	一级指标	权重
城市安全韧性（A）	城市设施安全韧性（B2）	0.539
	城市人员安全韧性（B1）	0.297
	城市管理安全韧性（B3）	0.164

（二）以重庆市 2017 年的各项指标数据为例计算突变值

1. 二级指标突变隶属度计算

对各级指标权重排序后，首先通过每个二级指标下对应三级指标的个数及对应方式选择恰当的突变模型，再将处理好的三级指标数据按照各自对应的突变隶属度代入各公式中进行二级指标的突变隶属度计算。其计算过程如下：

（1）人口基本属性（C1）突变值

此指标选择燕尾型突变模型进行计算，指标间对应关系为互补型。

$$C_1 = \frac{1}{3}(D_2^{\frac{1}{2}} + D_3^{\frac{1}{3}} + D_1^{\frac{1}{4}}) = \frac{1}{3}(0.295^{\frac{1}{2}} + 0.357^{\frac{1}{3}} + 0.790^{\frac{1}{4}}) = 0.732$$

（2）社会参与准备（C2）突变值

此指标选择燕尾型突变模型进行计算，指标间对应关系为互补型。

$$C_2 = \frac{1}{3}(D_4^{\frac{1}{2}} + D_6^{\frac{1}{3}} + D_5^{\frac{1}{4}}) = \frac{1}{3}(0.014^{\frac{1}{2}} + 0.290^{\frac{1}{3}} + 0.450^{\frac{1}{4}}) = 0.533$$

（3）安全感与安全文化（C3）突变值

此指标选择燕尾型突变模型进行计算，指标间对应关系为互补型。

$$C_3 = \frac{1}{3}(D_8^{\frac{1}{2}} + D_9^{\frac{1}{3}} + D_7^{\frac{1}{4}}) = \frac{1}{3}(0.312^{\frac{1}{2}} + 0.313^{\frac{1}{3}} + 0.321^{\frac{1}{4}}) = 0.663$$

（4）建筑工程（C4）突变值

此指标选择燕尾型突变模型进行计算，指标间对应关系为非互补型。

$$C_4 = \min\{D_{11}^{\frac{1}{2}}, D_{10}^{\frac{1}{3}}, D_{12}^{\frac{1}{4}}\} = \min\{0.525^{\frac{1}{2}}, 0.955^{\frac{1}{3}}, 0.610^{\frac{1}{4}}\} = 0.848$$

（5）交通设施（C5）突变值

此指标选择尖点型突变模型进行计算，指标间对应关系为互补型。

$$C_5 = \frac{1}{2}(D_{13}^{\frac{1}{2}} + D_{14}^{\frac{1}{3}}) = \frac{1}{2}(0.712^{\frac{1}{2}} + 0.223^{\frac{1}{3}}) = 0.725$$

（6）生命线工程设施（C6）突变值

此指标选择燕尾型突变模型进行计算，指标间对应关系为非互补型。

$$C_6 = \min\{D_{17}^{\frac{1}{2}}, D_{16}^{\frac{1}{3}}, D_{15}^{\frac{1}{4}}\} = \min\{0.275^{\frac{1}{2}}, 0.291^{\frac{1}{3}}, 0.489^{\frac{1}{4}}\} = 0.524$$

(7) 监测预警设施（C7）突变值

根据对应三级指标数量，选择燕尾型突变模型进行计算，且指标间对应关系为互补型。

$$C_7 = \frac{1}{3}(D_{20}^{\frac{1}{2}} + D_{19}^{\frac{1}{3}} + D_{18}^{\frac{1}{4}}) = \frac{1}{3}(0.514^{\frac{1}{2}} + 0.521^{\frac{1}{3}} + 0.004^{\frac{1}{4}}) = 0.591$$

(8) 应急保障设施（C8）突变值

此指标选择蝴蝶型突变模型进行计算，指标间对应关系为互补型。

$$C_8 = \frac{1}{4}(D_{21}^{\frac{1}{2}} + D_{22}^{\frac{1}{3}} + D_{23}^{\frac{1}{4}} + D_{24}^{\frac{1}{5}})$$
$$= \frac{1}{4}(0.000^{\frac{1}{2}} + 0.003^{\frac{1}{3}} + 0.120^{\frac{1}{4}} + 0.736^{\frac{1}{5}}) = 0.419$$

(9) 风险控制水平（C9）突变值

此指标选择燕尾型突变模型进行计算，指标间对应关系为非互补型。

$$C_9 = \min\{D_{27}^{\frac{1}{2}}, D_{26}^{\frac{1}{3}}, D_{25}^{\frac{1}{4}}\} = \min\{0.954^{\frac{1}{2}}, 0.967^{\frac{1}{3}}, 0.721^{\frac{1}{4}}\} = 0.922$$

(10) 支撑保障投入（C10）突变值

此指标选择燕尾型突变模型进行计算，指标间对应关系为互补型。

$$C_{10} = \frac{1}{3}(D_{28}^{\frac{1}{2}} + D_{29}^{\frac{1}{3}} + D_{30}^{\frac{1}{4}}) = \frac{1}{3}(0.367^{\frac{1}{2}} + 0.314^{\frac{1}{3}} + 0.304^{\frac{1}{4}}) = 0.676$$

2. 一级指标突变隶属度计算

将第一步二级指标的突变隶属度的计算结果同样按照各自对应的突变模型向上级逐步计算其突变隶属度，其计算过程如下：

(1) 城市人员安全韧性（B1）突变值

此指标选择燕尾型突变模型进行计算，指标间对应关系为互补型。

$$B_1 = \frac{1}{3}(C_1^{\frac{1}{2}} + C_3^{\frac{1}{3}} + C_2^{\frac{1}{4}}) = \frac{1}{3}(0.732^{\frac{1}{2}} + 0.663^{\frac{1}{3}} + 0.533^{\frac{1}{4}}) = 0.861$$

(2) 城市设施安全韧性（B2）突变值

此指标选择棚屋型突变模型进行计算，指标间对应关系为非互补型。

$$B_2 = \min\{C_6^{\frac{1}{2}}, C_5^{\frac{1}{3}}, C_4^{\frac{1}{4}}, C_7^{\frac{1}{5}}, C_8^{\frac{1}{6}}\}$$
$$= \min\{0.524^{\frac{1}{2}}, 0.725^{\frac{1}{3}}, 0.848^{\frac{1}{4}}, 0.591^{\frac{1}{5}}, 0.419^{\frac{1}{6}}\} = 0.724$$

(3) 城市管理安全韧性（B3）突变值

此指标选择尖点型突变模型进行计算，指标间对应关系为互补型。

$$B_3 = \frac{1}{2}(C_{10}^{\frac{1}{2}} + C_9^{\frac{1}{3}}) = \frac{1}{2}(0.676^{\frac{1}{2}} + 0.922^{\frac{1}{3}}) = 0.898$$

3. 总目标突变隶属度计算

最后将上一步算得的一级指标突变隶属度同样按照其对应的突变模型进行计算即可得到最终的总目标突变隶属度，其计算过程如下：

此指标选择燕尾型突变模型进行计算，指标间对应关系为互补型。

$$A = \frac{1}{3}(C_2^{\frac{1}{2}} + C_1^{\frac{1}{3}} + C_3^{\frac{1}{4}}) = \frac{1}{3}(0.724^{\frac{1}{2}} + 0.861^{\frac{1}{3}} + 0.898^{\frac{1}{4}}) = 0.925$$

将 2017 年重庆市安全韧性城市各指标数据代入突变模型计算后形成的各层指标突变值如附录 D 表 D-1 所示。同理按照此过程计算得到西部地区安全韧性城市突变级数值如附录 D 表 D-2～D 表 D-30 所示。

四、西部地区安全韧性城市评价等级划分

通常情况评价结果等级划分会运用分位数法、平均分段法和均匀分步法等方法，由于突变级数法使评价结果呈现出较高聚集性特征，其他方法均不太适用于本次评价结果等级划分。K 均值聚类分析在选定好聚类中心点的个数 K 以后，计算各因素与 K 个聚类中心的距离进而将每个因素归纳到和其距离最近的聚类中心类群，来完成相应的 K 个类群的分类，反复迭代上述过程直至终止条件。此方法由于不会被数据绝对聚集程度影响，同时也能显现评价结果的等级差异性，因而选用 K 均值聚类分析法来对西部地区城市安全韧性进行等级划分。

将西部各地区 2017 年、2019 年和 2021 年城市安全韧性突变级数值作为聚类因素，运用 SPSS 软件中的 K 均值聚类进行分析，得到最终聚类中心点数值及对应等级、各聚类中心间的距离、各聚类中因素个数和各因素聚类信息表分别如表 7-30、表 7-31、表 7-32 和表 7-33 所示。

表 7-30 最终聚类中心点数值及对应等级

聚类	第一类	第二类	第三类	第四类	第五类
中心点数值	0.519	0.939	0.867	0.620	0.767
评价等级	低	高	较高	较低	中等

表 7-31 各聚类中心间的距离

聚类	第一类	第二类	第三类	第四类	第五类
第一类		0.420	0.348	0.101	0.248
第二类	0.420		0.071	0.319	0.172

续表

聚类	第一类	第二类	第三类	第四类	第五类
第三类	0.348	0.071		0.248	0.100
第四类	0.101	0.319	0.248		0.148
第五类	0.248	0.172	0.100	0.148	

表 7-32 各聚类中因素个数

项目		个数
聚类	第一类	1
	第二类	10
	第三类	14
	第四类	4
	第五类	1
有效		30
缺失		0

表 7-33 各因素聚类信息

2017 年			2019 年			2021 年		
因素	聚类	距离	因素	聚类	距离	因素	聚类	距离
重庆	第二类	0.014	重庆	第二类	0.007	重庆	第二类	0.006
四川	第二类	0.009	四川	第二类	0.041	四川	第二类	0.042
贵州	第三类	0.006	贵州	第二类	0.014	贵州	第二类	0.025
云南	第四类	0.022	云南	第三类	0.030	云南	第三类	0.023
陕西	第二类	0.022	陕西	第二类	0.009	陕西	第二类	0.001
甘肃	第五类	0.000	甘肃	第四类	0.015	甘肃	第三类	0.022
青海	第一类	0.000	青海	第四类	0.011	青海	第四类	0.026
宁夏	第三类	0.034	宁夏	第三类	0.025	宁夏	第三类	0.027
广西	第三类	0.000	广西	第三类	0.019	广西	第二类	0.032
内蒙古	第三类	0.008	内蒙古	第三类	0.022	内蒙古	第三类	0.020

根据上述表格可得出评价区间等级划分如表 7-34 所示。

表 7-34 评级等级区间

等级	低	较低	中等	较高	高
区间	[0,0.570)	[0.570,0.694)	[0.694,0.817)	[0.817,0.903)	[0.903,1]

确定评价等级区间后,西部地区 2017 年、2019 年、2021 年城市安全韧性评

价结果及韧性等级如表 7-35 所示。

表 7-35　西部地区 2017 年、2019 年、2021 年城市安全韧性评价结果及韧性等级表

2017 年			2019 年			2021 年		
地区	评价结果	韧性等级	地区	评价结果	韧性等级	地区	评价结果	韧性等级
重庆	0.925	高	重庆	0.932	高	重庆	0.933	高
四川	0.947	高	四川	0.980	高	四川	0.981	高
贵州	0.873	较高	贵州	0.882	较高	贵州	0.893	较高
云南	0.642	较低	云南	0.837	较高	云南	0.891	较高
陕西	0.917	高	陕西	0.930	高	陕西	0.938	高
甘肃	0.767	中等	甘肃	0.635	较低	甘肃	0.845	较高
青海	0.519	低	青海	0.608	较低	青海	0.594	较低
宁夏	0.833	较高	宁夏	0.843	较高	宁夏	0.841	较高
广西	0.867	较高	广西	0.887	较高	广西	0.907	高
内蒙古	0.876	较高	内蒙古	0.889	较高	内蒙古	0.887	较高

第二节　我国西部地区城市安全韧性评价

根据西部地区 2017 年、2019 年、2021 年城市安全韧性评价结果，可以发现我国西部地区城市安全韧性有以下特征：

① 安全韧性处于相对高水平的地区主要有重庆市、四川省和陕西省，原因有几点：这三个地区为西部核心区域，应急管理能力、安全设施建设、建筑业水平等在西部地区起着带头作用，地区综合能力也较为领先；从一级指标来看，其城市人员安全韧性和城市设施安全韧性明显高于其他地区；从二级指标来看其生命线工程设施、安全感与安全文化和人口基本属性明显高于其他地区；从三级指标来看三个地区指标情况略有差异，四川省和重庆市的城市智能化管网密度、建筑业企业从业人员数、土地开发强度和路网密度处于相对高水平，陕西省和重庆市的移动电话普及率处于相对高水平，三个地区的建成区常住人口密度处于相对高水平。

② 安全韧性处于相对较高水平的地区主要有贵州省、宁夏回族自治区、广西壮族自治区和内蒙古自治区；安全韧性处于中等水平的地区主要有云南省和甘肃省。与第一梯队进行比较，第二、三梯队纵使大部分指标处于相对平衡或者较高水平，但仍有部分指标的水平较低，例如从一级指标来看，内蒙古自治区和广

西壮族自治区的各项安全韧性水平相对而言较为平均，处于相对较高水平；云南省的城市人员安全韧性和城市管理安全韧性处于相对较高水平，但城市设施安全韧性处于相对较低水平；而宁夏回族自治区的各项安全韧性处于相对中等偏上水平，甘肃省的城市人员安全韧性和城市管理安全韧性处于相对较高水平，城市设施安全韧性处于相对低水平。

③ 安全韧性处于相对较低水平的地区主要有青海省。与第一、二、三梯队相比，这个地区的各项指标不平衡程度较为严重，且部分指标水平很低。例如从一级指标来看，青海省的城市人员安全韧性和城市管理安全韧性处于相对中等水平，城市设施安全韧性处于极低水平。

本章小结

本章首先将相关指标数据收集并做相应处理，得到指标计算变量原始数据后，通过专家调查法对指标相对重要性数值进行获取，再用层次分析法对其进行权重确定。在指标权重排序完成后，运用对应突变模型对指标进行突变值计算，得到相应年份各西部地区的突变级数值。然后选用 K 均值聚类分析法来对西部地区城市安全韧性进行等级划分。最后得出结论：安全韧性处于相对高水平的地区主要有重庆市、四川省和陕西省；安全韧性处于相对较高水平的地区主要有贵州省、宁夏回族自治区、广西壮族自治区和内蒙古自治区；安全韧性处于中等水平的地区主要有云南省和甘肃省；安全韧性处于相对较低水平的地区主要有青海省。

第八章

我国西部地区城市安全韧性评价时空演化分析

第一节　西部地区城市安全韧性空间分析

一、城市安全韧性空间分布

1. 空间模型的构建

在构建西部地区城市安全韧性空间模型之前，首先需基于国家基础地理信息中心获取各省、自治区和直辖市的地理图以及各种地理数据信息，借助自然资源部提供的最新标准地图，运用 ArcGIS 软件制作比例尺为 1∶1000000 的相关地理信息数据，并从其中选取重庆市、四川省、贵州省、云南省、陕西省、甘肃省、宁夏回族自治区、青海省、广西壮族自治区和内蒙古自治区这 10 个西部地区的名称、临界状况、地理坐标等相关地理信息，将其构建为新图层。随后将 2017 年、2019 年和 2021 年的西部地区 10 个省份、自治区和直辖市的城市安全韧性评价数据和 ArcGIS 中各个省份对应的图层进行关联，从而形成西部地区各省份、自治区和直辖市 2017 年、2019 年和 2021 年城市安全韧性评价的 GIS 空间模型。

2. 韧性评价结果空间分布状况

在形成西部地区 2017 年、2019 年和 2021 年 10 个省份、自治区和直辖市的城市安全韧性评价的 GIS 空间模型后，运用 ArcGIS 软件将本研究的评价等级划分区间导入，得到我国西部地区 10 个省、自治区、直辖市 2017 年、2019 年、

2021 年的城市安全韧性空间等级分布图,并将其归纳得到表 8-1。

表 8-1 2017 年、2019 年、2021 年西部地区城市安全韧性空间等级

2017 年		2019 年		2021 年	
地区	空间等级	地区	空间等级	地区	空间等级
重庆	高	重庆	高	重庆	高
四川	高	四川	高	四川	高
贵州	较高	贵州	较高	贵州	较高
云南	较低	云南	较低	云南	较高
陕西	高	陕西	高	陕西	高
甘肃	中等	甘肃	较低	甘肃	较高
青海	低	青海	较低	青海	较低
宁夏	较高	宁夏	较高	宁夏	较高
广西	较高	广西	较高	广西	高
内蒙古	较高	内蒙古	较高	内蒙古	较高

从表 8-1 可以初步分析得到,我国西部地区 2017 年、2019 年和 2021 年三年的城市安全韧性等级在空间分布上大体从东向西呈高到低趋势,其中城市安全韧性等级整体较高的地区包括重庆市、四川省和陕西省,城市安全韧性等级总体较低的地区有甘肃省、云南省和青海省,在空间上呈现出分别以重庆市、四川省和陕西省为核心向周围地区减弱的趋势。其中主要原因为:第一,从宏观经济层面看,重庆、四川、陕西的 GDP 总量在整个西部地区处于领先位置,故而其经济水平为安全韧性城市的建设提供了必要保障;第二,从地理位置方面来看,重庆市、四川省和陕西省这三个省份为西部地区与中东部地区的交会提供了枢纽的作用,同时又是整个西部地区地理位置较为优越的区域,故而其城市安全韧性的发展能够较快进行,并带动周边地区共同发展;第三,从城市推动方面来看,重庆市、成都市和西安市目前是西部地区发展最为领先乃至在全国范围综合实力也较为靠前的核心城市,这不可否认将带动整个省份城市发展并推动周边甚至整个西部地区的安全韧性城市发展。目前我国西部地区安全韧性城市建设区域发展差异明显,还存在发展不平衡不充分问题。

在将一级指标评价等级作为起点前,应进行城市安全韧性的初步空间分析,再对城市安全韧性其中具体方面的空间分布情况进行分析。与前面相同,运用 ArcGIS 软件里的要素区分功能,对 2021 年我国西部地区安全韧性城市中的城市人员安全韧性、城市设施安全韧性和城市管理安全韧性进行划分,由于在等级划

分时需要将相同年份的指标状况进行比较,所以在 ArcGIS 软件中运用和 K 均值聚类分析法原理相似的自然裂点分级法实现等级划分。所形成的 2021 年西部地区城市人员安全韧性、城市设施安全韧性和城市管理安全韧性空间分布图经过整理归纳得到表 8-2。

表 8-2　2021 年西部地区城市安全韧性一级指标空间分布

2021 年城市安全韧性					
城市人员安全韧性		城市设施安全韧性		城市管理安全韧性	
地区	空间等级	地区	空间等级	地区	空间等级
重庆	较高	重庆	较高	重庆	较高
四川	高	四川	高	四川	高
贵州	较高	贵州	中等	贵州	较高
云南	较高	云南	中等	云南	中等
陕西	高	陕西	较高	陕西	中等
甘肃	中等	甘肃	较低	甘肃	较低
青海	低	青海	低	青海	低
宁夏	低	宁夏	中等	宁夏	低
广西	较高	广西	中等	广西	较高
内蒙古	较低	内蒙古	中等	内蒙古	中等

从表 8-2 可知,城市人员安全韧性由南向北大致呈下降趋势,这是因为西南地区的地理环境和适居条件优于西北地区;而我国西部地区城市设施安全韧性由中间向两边呈减弱趋势,这是由于城市设施安全韧性不仅受到地方财政水平、建设能力影响,还有地理位置等因素影响,故显而易见四川省、重庆市和陕西省的城市设施安全韧性高于其余西部地区;我国西部地区城市管理安全韧性由西南向西北呈下降趋势,主要原因是西北地区的自然灾害频发,灾害检测设施不足,同时相应应急资金投入相对而言低于西南地区。总体来讲,目前重庆、四川和陕西三个地区的城市安全韧性水平相对整个西部地区而言较高,然而并未明显带动周边部分省份的发展。

二、城市安全韧性空间相关性

1. 构建空间矩阵

对韧性相关性通常使用空间分析软件 GeoDa,GeoDa 常用的空间矩阵包括 Rook contiguity 型、Queen contiguity 型、K-Nearest Neighbors 型和 Threshold distance 型。具体空间矩阵关系见表 8-3。

表 8-3 空间矩阵关系

空间矩阵类型	空间矩阵关系
Rook contiguity 型	一般用于借助两因素间的空间关系作为公共边构建空间矩阵
Queen contiguity 型	一般用于凭借两因素空间关系作为公共边或者公共点构建空间矩阵
K-Nearest Neighbors 型	一般在固定要素相邻数量后凭借两要素间距离构建空间矩阵
Threshold distance 型	一般用于以两要素间距离来构建空间矩阵

本研究在 ArcGIS 中构建的模型未包含到空间中各点位置，而是涉及西部地区十个省、自治区和直辖市的地理空间和城市安全韧性间的关系，因此，本研究选取 Rook contiguity 型空间矩阵能够体现相关空间分布关系，满足本研究所选地区的条件。如果两要素相邻，那么定义为 1，若不相邻，那么定义为 0，进而构建空间矩阵，得到空间邻接矩阵的相关情况。

2. 城市安全韧性空间全局相关性

空间全局相关性主要以莫兰指数和 z 值得分来进行评判。本书选用 ArcGIS 里的空间相关性计算莫兰指数。由于本书研究中实际距离会影响主要秩序，故本书选择运用欧式距离来进行全局空间相关性分析。通过运用 ArcGIS 软件中的空间自相关工具，分别对西部各地区 2017 年、2019 年和 2021 年的城市安全韧性进行计算，得到莫兰指数以及各相关指数，计算结果如图 8-1、图 8-2、图 8-3 所示。

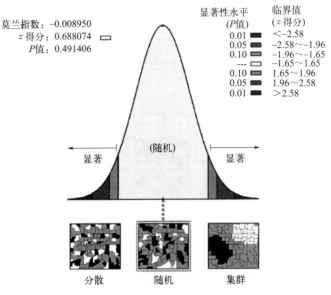

图 8-1 2017 年全局空间相关性分析结果

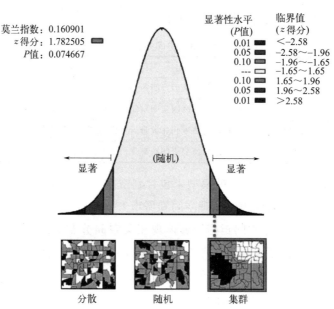

图 8-2　2019 年全局空间相关性分析结果

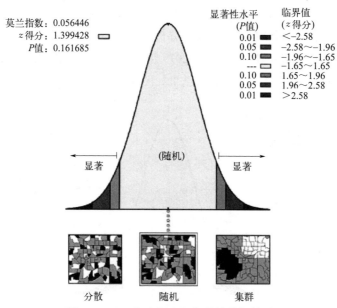

图 8-3　2021 年全局空间相关性分析结果

由图 8-1、图 8-2 和图 8-3 可知，2017 年、2019 年、2021 年西部地区城市安全韧性空间分布莫兰指数中 I 值分别为 -0.009、0.161、0.056，在区间 -1 到 1 之内且不等于 0，代表 2017 年、2019 年、2021 年西部地区城市安全韧性空间聚类是可能的，但数值很低；P 值分别为 0.491、0.075、0.162，表明空间数据随机生成的概率为 0.491、0.075、0.162，表明存在可能性大于数据随机分布的概率，但不能显著拒绝零假设。z 得分 2017 年和 2021 年的数值是 0.688、1.399，表示没有显著的空间相关性以及聚类可能性基本为零，而 2019 年 z 得分为 1.782，表明空间相关性较为显著，可以说明具有较弱的地区聚集现象。

然后对 2021 年城市安全韧性的三个一级指标进行计算，得到莫兰指数以及各相关指数，见图 8-4、图 8-5、图 8-6。

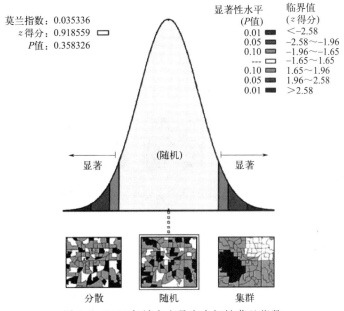

图 8-4　2021 年城市人员安全韧性莫兰指数

由图 8-4 可知，2021 年西部地区城市人员安全韧性全局分布莫兰指数 I 为 0.035，空间聚集的可能性存在，但较小；P 值为 0.36 说明空间数据具有较低的任意性，但不成立的假设情况不能显著地排除；z 得分为 0.92 大于 -1.65 且小于 1.65，结果表明，并不存在空间相关性，分布是随机的。

由图 8-5 可知，2021 年西部地区城市设施安全韧性的 I 为 0.037，空间聚集的可能性存在，但较小；P 值为 0.28 说明空间数据具有较低的任意性，但不成立的假设情况不能显著地排除；z 得分为 1.07 大于 -1.65 且小于 1.65，结果表明，并不存在空间相关性，分布是随机的。

由图 8-6 可知，2021 年西部地区城市管理安全韧性的 I 为 0.136，空间聚集的可能性存在，但较小；P 值为 0.11 说明空间数据具有较低的任意性，但不成立的假设情况不能显著地排除；z 得分为 1.62 大于 -1.65 且小于 1.65，结果表明，并不存在空间相关性，分布是随机的。

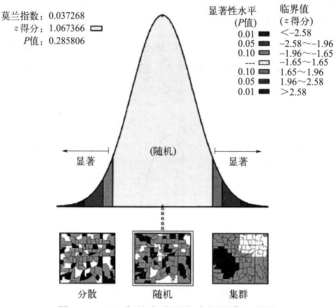

图 8-5　2021 年城市设施安全韧性莫兰指数

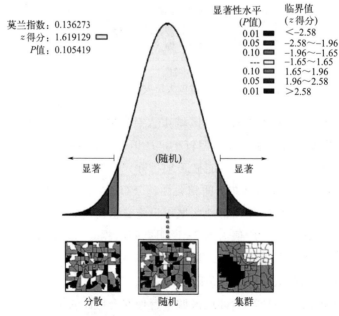

图 8-6　2021 年城市管理安全韧性莫兰指数

3. 城市安全韧性局部相关性

对于城市安全韧性局部相关性的相关分析，本书通过 GeoDa 软件将用 ArcGIS 生成的 shp 文件导入至 GeoDa 软件中来进行局部空间相关性分析。单变量空间分析后如下所述。

（1）散点图

散点图第一象限代表"高-高"聚集，含义为该地区城市安全韧性与周围地区的城市安全韧性均处于较高水平；第二象限为"低-高"聚集，说明该区域的城市安全韧性水平较低，但周边区域的城市安全韧性水平较高。第三象限为"低-低"聚集，说明这地区的城市安全韧性与周围地区城市安全韧性水平都较低；第四象限为"高-低"聚集，说明该地区城市安全韧性处于较高水平，但周围地区城市安全韧性处于较低水平。具体各年份局部空间相关性分析散点图见图 8-7～图 8-12。

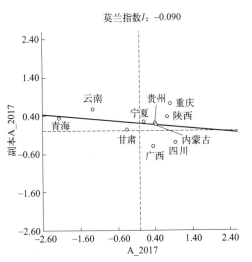 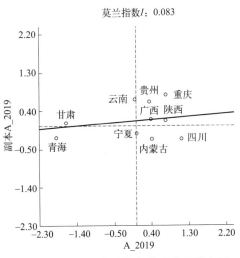

图 8-7　2017 年局部空间相关性分析散点图　　图 8-8　2019 年局部空间相关性分析散点图

从 2017 年局部空间相关性分析散点图中的点对应各地区来看，属于"高-高"聚集的地区有陕西省、重庆市、贵州省、内蒙古自治区、宁夏回族自治区；属于"低-高"聚集的有云南省、青海省、甘肃省；无"低-低"聚集；属于"高-低"聚集的有广西壮族自治区、四川省。可以看出 2017 年西部地区城市安全韧性为"高-高""低-高"聚集的区域比较多，城市安全韧性"高-低"聚集的区域比较少，不存在"低-低"聚集的地区。

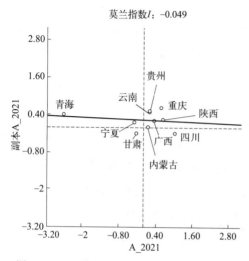

图 8-9　2021 年局部空间相关性分析散点图

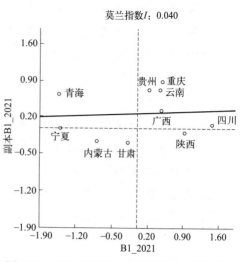

图 8-10　2021 年城市人员安全韧性局部空间相关性分析散点图

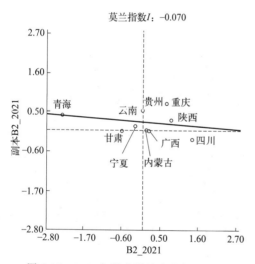

图 8-11　2021 年城市设施安全韧性局部空间相关性分析散点图

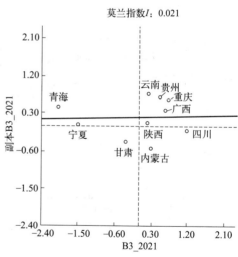

图 8-12　2021 年城市管理安全韧性局部空间相关性分析散点图

从 2019 年局部空间相关性分析散点图中的点对应各地区来看，聚集效应为"高-高"的地区有广西壮族自治区、陕西省、贵州省、重庆市；聚集效应为"低-高"的有甘肃省、云南省；属于"低-低"聚集的有青海省；聚集效应为"高-低"的有四川省、内蒙古自治区、宁夏回族自治区。可以看出 2019 年西部地区城市安全韧性聚集效应为"高-高"的地区较多，聚集效应为"低-低""高-低"以及"低-高"的区域较少。

从2021年局部空间相关性分析散点图中的点对应各地区来看，聚集效应为"高-高"的地区有陕西省、广西壮族自治区、重庆市、内蒙古自治区、贵州省；属于"低-高"聚集的有青海省、宁夏回族自治区；聚集效应为"低-低"的区域有甘肃省；属于"高-低"聚集的有四川省。结果表明2021年西部地区城市安全韧性聚集效应为"高-高"的地区较多，聚集效应为"低-低""高-低"以及"低-高"的地区较少。

从2021年城市人员安全韧性局部空间相关性分析散点图中的点对应各地区来看，聚集效应为"高-高"的地区有贵州省、四川省、重庆市、广西壮族自治区以及云南省；聚集效应为"低-高"的有青海省；属于"低-低"聚集的有甘肃省、宁夏回族自治区、内蒙古自治区；属于"高-低"聚集的有陕西省。结果表明2021年西部地区城市安全韧性中城市人员安全韧性聚集效应为"高-高""低-低"的地区较多，聚集效应为"高-低""低-高"的地区较少。

从2021年城市设施安全韧性局部空间相关性分析散点图中的点对应各地区来看，属于"高-高"聚集的地区有陕西省、重庆市；聚集效应为"低-高"的地区有青海省、宁夏回族自治区、贵州省、云南省；聚集效应为"低-低"的有甘肃省；聚集效应为"高-低"的有四川省、广西壮族自治区、内蒙古自治区。结果表明2021年西部地区城市安全韧性中城市设施安全韧性聚集效应为"高-低""低-高"的地区较多，聚集效应为"低-低""高-高"的地区较少。

从2021年城市管理安全韧性局部空间相关性分析散点图中的点对应各地区来看，聚集效应为"高-高"的地区有贵州省、云南省、陕西省、重庆市和广西壮族自治区；聚集效应为"低-高"的地区有青海省、宁夏回族自治区；聚集效应为"低-低"的地区有甘肃省；聚集效应为"高-低"的地区有内蒙古自治区、四川省。结果表明2021年西部地区城市安全韧性中城市管理安全韧性聚集效应为"高-高"的地区较多，聚集效应为"低-低""高-低"以及"低-高"的地区较少。

（2）显著性图及聚类图

空间聚集显著性图可以将西部地区城市安全韧性的局部空间聚集性是否显著以及其显著程度进行体现，GeoDa软件主要将其分为四个等级，分别为不显著、显著、比较显著和非常显著。

空间聚类图可将存在显著空间聚集的地区进行标记划分。根据划分标准可分为不显著、高-高、低-低、低-高、高-低五类。此部分与散点图划分有所不同，主要因散点图需体现所有点在全部四个象限的位置，散点图中进行划分时考虑的仅仅是以象限为分界线进行划分，部分在临界点或者接近临界点的因素通过观察其处于某个象限或最接近于某个象限来进行归类划分，因此前文散点图中暂且未分出不显著一类。

通过 GeoDa 软件对 2017 年、2019 年、2021 年中国西部地区城市安全韧性和 2021 年中国西部地区城市人员、设施、管理安全韧性局部空间相关性进行分析，得到 LISA 显著性图和 LISA 聚类图后，将结果用表 8-4、表 8-5 表示。

表 8-4　空间相关性 LISA 显著性图分析表

地区	评价结果					
	2017 年城市安全韧性	2019 年城市安全韧性	2021 年城市安全韧性	2021 年城市人员安全韧性	2021 年城市设施安全韧性	2021 年城市管理安全韧性
重庆市	比较显著	比较显著	比较显著	比较显著	比较显著	不显著
四川省	不显著	不显著	不显著	不显著	不显著	不显著
贵州省	不显著	不显著	不显著	比较显著	比较显著	比较显著
云南省	不显著	不显著	不显著	比较显著	不显著	比较显著
陕西省	比较显著	不显著	不显著	不显著	不显著	不显著
甘肃省	不显著	不显著	不显著	不显著	不显著	不显著
青海省	不显著	不显著	不显著	不显著	不显著	不显著
宁夏回族自治区	不显著	不显著	不显著	不显著	不显著	不显著
广西壮族自治区	不显著	不显著	不显著	不显著	不显著	不显著
内蒙古自治区	不显著	不显著	不显著	不显著	不显著	不显著

表 8-5　空间相关性 LISA 聚类图分析表

地区	评价结果					
	2017 年城市安全韧性	2019 年城市安全韧性	2021 年城市安全韧性	2021 年城市人员安全韧性	2021 年城市设施安全韧性	2021 年城市管理安全韧性
重庆市	高-高	高-高	高-高	高-高	高-高	不显著
四川省	不显著	不显著	不显著	不显著	不显著	不显著
贵州省	不显著	不显著	不显著	高-高	低-高	高-高
云南省	不显著	不显著	不显著	高-高	不显著	高-高

续表

地区	评价结果					
	2017年城市安全韧性	2019年城市安全韧性	2021年城市安全韧性	2021年城市人员安全韧性	2021年城市设施安全韧性	2021年城市管理安全韧性
陕西省	高-高	高-高	不显著	不显著	不显著	不显著
甘肃省	不显著	不显著	不显著	不显著	不显著	不显著
青海省	不显著	不显著	不显著	不显著	不显著	不显著
宁夏回族自治区	不显著	不显著	不显著	不显著	不显著	不显著
广西壮族自治区	不显著	不显著	不显著	不显著	不显著	不显著
内蒙古自治区	不显著	不显著	不显著	不显著	不显著	不显著

总体而言，西部地区安全韧性城市的空间聚集性比较弱，只有重庆市、云南省、贵州省与周边地区存在较为显著的空间聚集效应，其余地区因各种因素影响，其周边韧性高低不等，未形成显著聚集效应。但从大体分布可看出，四川省、重庆市、陕西省三个靠近东部地区的城市安全韧性均处于相对较高水平，而像青海省这种较西部地区的城市安全韧性处于相对较低水平。

第二节 西部地区安全韧性城市发展时间演化分析

由于安全韧性城市建设近几年才开始实施，故本书的研究时间主要从2017年开始，时间间隔为1年，直到2021年结束，时间间隔相对较短使得评价结果变化不大，但从评价结果中仍能观察到总体发展趋势。本书研究的我国西部地区10个省、自治区、直辖市的城市安全韧性水平，如图8-13所示。

由图8-13可知，西部10个地区中超过一半省份的城市安全韧性水平总体呈逐年缓慢递增的状态，这表明此阶段我国在安全韧性城市建设中处于起步阶段，部分制度体系和组织结构尚不完善，同时部分地区数字化转型欠缺，但总体上看，其发展仍在前进，没有大的变化。在一些地区，由于部分指标数据发生变化，其城市安全韧性水平产生波动现象，此现象可能与某段时间出现严重的灾害或者某种因素出现变动更新相关，有些地区由于部分年份出现建筑业变革更新导致其城市设施安全韧性出现变化等。

其次，从各年份的空间相关性分析可以看出，其空间聚集性有待提高，总体上呈现出重庆市、四川省和陕西省作为核心带动周边各地区的态势。目前，这三个区域毗邻地区的安全韧性城市发展比较好，能够对某些区域的协同发展起到引

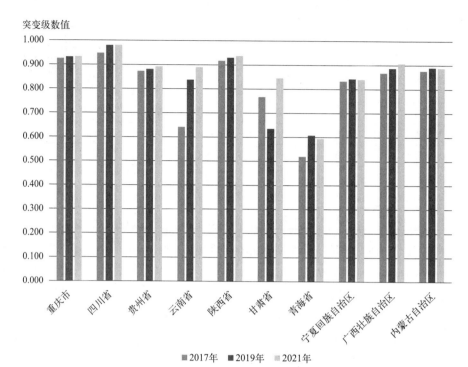

图 8-13　我国西部地区各省份、自治区以及直辖市的城市安全韧性水平

领作用。利用 ArcGIS 软件再次计算 2017 年、2019 年和 2021 年我国西部安全韧性城市的全局莫兰指数，全局莫兰指数变化情况见表 8-6。

表 8-6　全局莫兰指数变化

年份	2017 年	2019 年	2021 年
Moran I 指数	−0.009	0.161	0.056
z 得分	0.688	1.783	1.399
P 值	0.491	0.075	0.162

如表 8-6 所示，我国西部城市安全韧性的空间集聚效应随时间变化总体呈逐年上升趋势，但也存在一定波动。原因是在这期间我国西部地区空间规划存在部分同质化与不适应性，部分社会协同性不足，故导致 2017 年的聚集效应不明显；而 2021 年正处于我国抗击疫情的关键节点，因此我国西部地区的安全韧性城市发展放缓，而部分地区受疫情影响大于其他地区，这导致其聚集效应产生了一定波动。

总的来讲，目前西部地区城市安全韧性水平和时间存在一定关联性，西部地区中绝大部分地区的城市安全韧性水平随着年份的增长逐渐增加，但增长速度缓慢，并且部分地区城市安全韧性能力水平出现一定波动。可以说明西部绝大部分地区城市安全韧性水平处于起步阶段，发展变化不大，其稳定性和协同性还能进一步提升。

本章小结

本章首先通过 GIS 空间模型的构建与评价划分区间的导入形成我国西部地区 10 个省、自治区、直辖市 2017 年、2019 年、2021 年的城市安全韧性等级分布图并进行分析。然后运用莫兰指数及 z 值得分评判空间全局相关性，并运用 GeoDa 软件以散点图、显著性图和聚类图分析城市安全韧性局部相关性。最后从时间演化方面分析我国西部地区的城市安全韧性水平，得出结论：我国西部地区城市安全韧性的空间聚集效应随着年份的增长逐渐增加，但增长速度缓慢，并且部分地区城市安全韧性能力水平出现一定波动，说明西部绝大部分地区城市安全韧性水平处于起步阶段，发展变化不大，其稳定性和协同性还能进一步提升。

第九章

我国安全韧性城市建设中的措施

第一节 基于风险识别体系和韧性治理规划视角的措施

一、风险识别体系下的应对措施

传统的风险识别工作不易满足安全韧性城市建设的全面发展,故本文结合多名学者对相关内容的风险识别体系的研究,提出风险识别体系下的应对措施。根据以往的研究识别出发生频率高且影响范围大的灾害风险;依据国内乃至国外的相关城市案例和安全韧性城市内涵,识别出发生频率极低但影响后果极为严重的灾害风险;识别出除了灾害本身以外,有可能引发的经济、社会、工程和组织等方面的各种风险;识别出危害性极为严重的连发灾害、组合灾害等,从而得到我国西部地区安全韧性城市风险识别表,见表9-1。

表 9-1 我国西部地区安全韧性城市风险识别表

风险		风险可能性	风险后果	识别原因
突发灾害	暴雨/洪涝	通常集中在5~9月,且偶尔发生特大暴雨/洪涝灾害	涉及范围大,对居民生活的影响较大	影响范围大、发生频率高
	干旱	西北地区干旱灾害频发,且持续时间较长	后果严重程度较大,且对居民生活的影响较大	
	地震	西部地区地震带较多,地震频发且出现地震烈度大于Ⅷ度的可能性大于其他地区	Ⅶ度地震后果严重,Ⅷ度地震后果非常严重,乃至对全世界也有非常大的影响	发生概率较低,但后果极其严重,且容易引起其他次生灾害

续表

风险		风险可能性	风险后果	识别原因
突发灾害	核泄漏	作为单一灾害的可能性极低	后果极其严重	概率低但后果极为严重且易造成次生灾害
	暴恐活动	西部地区人口构成较为复杂，此风险较低	影响极其恶劣	概率低但后果极其严重
基础设施主要风险			基础设施陈旧、破损风险 生命线工程损坏风险 交通系统中断、瘫痪风险 建筑物、公共设施等毁坏风险	
经济韧性主要风险			资金保障风险 居民/企业资产灾害受损风险 灾后经济恢复风险	
社会韧性主要风险			人口老龄化风险 社会凝聚力风险 社会组织水平风险	
制度保障主要风险			制度体系不完善风险 职能部门缺乏协同力风险	

针对识别出的西部地区安全韧性城市主要风险，本文从各种灾害对城市造成的影响特征及范围出发，以城市系统为导向提出全面提升安全韧性城市建设的相应措施。

1. 加强城市全空间尺度的设施安全韧性

基础设施作为保障城市公共安全的重要部分，应该切实针对各种空间角度给予相应保障。在应急避难场所的布局中，应当对老化基础设施进行多方面更新和排查，同时定期安排检查维修；加强关注老年人对防灾应急设施的需求，比如轮椅坡道、公寓电梯以及多功能扶手等；完善并维护安全韧性城市里的应急公路系统、医疗卫生系统、消防系统和物资供给等系统设置，从而保障城市各个部分能够具备相对独立的自救互助、抗击灾害的能力。

在以水系、山体等自然地理环境阻隔以及高速公路、铁路干线等道路设施阻隔为基准的划分中，空间形成功能相对较为独立的个体，在此个体层面应着重完善生命线工程设施建设，比如预留冗余能力、保障城市给排水系统安全、形成分布式能源等。同时在个体之间的应急公路设置中确保一定的冗余度和通达性。

安全韧性城市建设应当全面统筹，对公共安全类的基础设施建设应夯实总体设计和管理等方面。针对各种未知风险，强化应急基础设施防灾功能设计，运用物联网等技术动态掌控相应基础设施的抗灾能力，同时研究出不同灾害风险影响范围的建筑物安全韧性标准，主动维护和加固潜在风险建筑，应用新标准建设住房、市政设施等新建建筑。保证富余的空间资源，搭建开放的空间骨架，提升综合交通系统的灵活性和冗余性，优化应急避难场所布局。

2. 强化社会韧性水平

强化社会韧性水平一定程度上能够缓解相应风险带来的影响。社会韧性是提升城市学习水平、实现韧性城市自组织性的关键，通常以关注老年化群体灾害应对能力和采用公共平台、可视化教育等手段，综合提高城市安全韧性。

建设公共防灾平台，充分调动群众的主观能动性。公共防灾平台的基本功能包括：灾害防护宣传、灾害逃生路径、灾害注意事项、灾害呼救信号发布等，提升公众互助和自救能力，加强社会凝聚力。

关注弱势群体对灾害应对的需求，通过以社区为基础的宣传、普查工作，更多关注弱势群体，使其融入公共防灾体系。强化对弱势群体的扶助工作，并通过可视化手段加深公民对灾害应对手段的理解。

二、韧性治理规划下的应对措施

现如今我国的韧性城市建设已有了阶段性成效，并在多个层面都逐步开展了全方位韧性城市建设的相关活动。从2011年开始，像成都等诸多城市逐步参加了联合国减灾署开展的"让城市更具韧性"行动；在2013—2016年，我国德阳、黄石、海盐和义乌四座城市先后进入了洛克菲勒基金会所展开的"全球100韧性城市"计划；在2017年，北京市政府出台的《北京城市总体规划（2016年—2035年）》要求强化城市韧性的同时提高城市防灾减灾相应能力；2018年上海市政府所发布的《上海市城市总体规划（2017—2035年）》推出建设具有可持续性的韧性生态之城；在2020年，住建部把"安全韧性"设置为城市体检项目里八大重点指标之一。

与此同时，我国安全韧性城市的建设过程中显现了一些问题，其中在韧性治理规划方面的问题较为突出。在我国城市化不断发展的历史长廊里，由于许多地区在发展经济时规划不合理，导致城市安全以及生态环境的严重破坏和衰退，相关治理规划措施的缺乏导致城市出现极大脆弱性。同时中国城市的特殊性导致难以简单应用西方的韧性治理规划措施，故现今亟需一套适合中国基本国情、文化传统、社会体系以及管理架构方向下的应对手段。本书从其他学者对城市安全韧性评估的建议出发[65]，从三个角度阐述安全韧性城市在韧性治理规划下的有效应对措施。

1. 动态化治理安全城市韧性

现如今城市系统的安全韧性水平通常会随着各种方面的变化而变化；同时现代城市的发展会面临层出不穷的变化与风险。故在研究城市安全韧性并对其评估时，应当格外重视动态化测度。

首先需要对城市安全韧性评价指标数据的未来趋势、发展情况进行全过程监测，收集相应数据内容后基于提升采集数据成果的时效性，对不同时间界限的测度结果做深度分析，这将有利于提升城市安全韧性的动态性和实时性，促进城市建设与管理向科学高效化发展。

2. 精细化空间治理规划

在空间维度上，精细化规划能够开展区域城市安全韧性水平差异性判断，对估量各地区城市安全韧性建设规模需求和发现城市安全韧性建设缺陷有利。但目前基于城市安全韧性建设对象的多样性甚至上升到受益群体差异性的研究还需着重思考。如果基于城市用地方面，加强城市建筑与用地类型空间治理规划，将会有利于城市安全韧性建设和基础设施建设补充信息依据，将贯彻落实科学韧性治理规划的推进。

3. 数据多元化治理城市安全韧性

数据多元化是基于动态化和精细化加强数据的可靠性下推进更为详细的数据管理、监测，以得到综合性更为突出的城市安全韧性评估。随着信息技术的不断发展，数字化将在城市安全韧性评估中愈发重要。区位服务（LBS）作为重要数字化手段，为移动互联网在社会各类研究中的应用提供了帮助。例如，加强对原始数据的应用处理，探索数据深层次含义是非常重要的过程，具体像西部地区各种基础设施在受灾后把修复时间、修理地点等信息进行收集处理及管理监测，这将会为城市安全设施韧性水平带来更多表征，通过基础设施的运转效果和恢复情况促进城市安全设施韧性中的管理规划能力和应急治理水平。同时，基于不同社会人士面对各类变化时提出的多方面需求，这种诸如行为和空间产生的数据将为后续研究城市安全韧性带来一定意义。

第二节　基于安全韧性城市建设任务与目标视角的措施

一、不同建设规模下的应对措施

如今中国的城市发展迅速，按照建设规模将中国城市分为超大城市、特大城市、大城市、中等城市和小城市。本文根据相关学者的研究,以中国不同建设规模城市的多样性资源要素特点、韧性演化特征和不同城市化阶段为基础,从多种视角出发,对不同建设规模的西部地区城市安全韧性建设路径和方向进行分析,见表9-2。

表9-2 我国西部地区不同建设规模城市的韧性特征提升路径建议

城市类型	代表性城市	韧性短板	提升路径建议
超大城市	重庆、成都	生态和设施	优化城市设施布局情况;修缮维护城市老旧社区和老建筑;减少中心城区人口密度;建设生态绿色基础设施
特大城市	西安、昆明	生态和设施	加强建设灾害疏散救援避难空间;保护城市自然生态环境空间;合理规划城市开发边界
大城市	贵阳、南宁、兰州、呼和浩特	制度和设施	加强核心基础设施建设;提高公众灾害意识;强化组织管理体系相关建设
中等城市	自贡、玉林、宝鸡、大理	设施和经济	构建安全韧性城市基础设施系统;调整产业结构,优化要素市场化升级
小城市	延安、丽江、武威、格尔木	社会和经济	建设基本公共服务设施;加强对老弱群体的关注和保障;建立现代化产业体系,促进产城融合发展

1. 超大城市优化策略

如今我国西部地区超大城市包括成都市和重庆市,超大城市虽然是区域内具有重要影响力、人口规模最大的综合性城市,但其自身的脆弱性和发展环境带来的各种挑战使得需要更多的韧性实践与研究。从未来发展角度来看,超大城市安全韧性的提升路径主要是要优化城市设施布局情况;修缮维护城市老旧社区和老建筑;减少中心城区人口密度;建设生态绿色基础设施,更大程度降低城市受灾的影响程度。

2. 特大城市优化策略

我国西部地区的特大城市包括西安市和昆明市,其综合经济发展相较其他西部地区城市而言更为先进,但城市安全韧性建设上诸如设施方面、人员管理方面存在不足。故从长远发展角度来看,特大城市的安全韧性提升路径可以从以下几点延伸:第一,加强建设灾害疏散救援避难空间,补足城市关键性基础设施建设,控制好城市运行与应急安全之间的平衡点;第二,保护城市自然生态环境空间,合理规划城市开发边界,强化城市环境风险的相关应急能力建设。

3. 大城市优化策略

我国西部地区大城市像贵阳、南宁、兰州等省会城市，这类城市的制度管理韧性和基础设施韧性较为落后。因此，这类城市首先要加强组织管理体系建设，特别是城市遇到危机时能够快速反应、快速组织、统一调度的系统管理机制。其次要提高城市关键基础设施安全建设水平，着力提升防汛防涝防旱抗灾能力建设。

4. 中等城市优化策略

我国西部地区中等城市包括自贡、玉林、宝鸡、大理等，这类城市近些年城市空间扩张速度较快、城市人口增加较多，在设施安全韧性和经济制度保障上还需改进。因此，未来西部地区中等城市的城市安全韧性可从以下路径构建：一是要合理优化相关产业结构，形成相应的能够维持城市高质量发展的产业结构体系，着力推动要素市场化改革，对各类生产要素进行合理化设计。二是提高重点设施应对风险时的防控协调能力，在面临突发灾害时能够及时做出响应。

5. 小城市优化策略

我国西部地区小城市像延安、丽江、武威、格尔木等这类城市的发展特征主要为人口老龄化严重、社会公共服务欠缺以及产业聚集能力弱等问题。未来西部地区小城市的城市安全韧性建设可参考以下几点：一是加快小城市基础设施建设，加强以政府为主体的弱势群体保障；二是要尽力增加小城市居民收入，增强抵御灾害的能力；三是充分发挥当地资源优势，加强城市空间布局优化的同时构建以低碳绿色为基调的现代化产业体系。

二、基于建设目标视角的应对措施

"安全韧性城市"理念作为一种提升社会效益的手段，它无时无刻需要每个城市管理者的才能与全局观，在城市建设的具体实施中竭尽所能。从世界到我国的许多城市安全韧性建设实例中，可以总结出许多经验教训。故而可以从中总结出针对我国西部地区安全韧性城市建设的措施对策。

1. 加强韧性社区建设

如今，在城市"下沉式"治理的大背景下，建设安全韧性城市需要向社区居民提供有用的灾害意识教育并且做好应急物资的充足准备，进而推动各个社区单元有应对灾害以及灾害快速恢复的能力。目前公众在政府制定应急规划工作上几乎是零参与，使得大部分防灾规划以"从上而下"的形式制定。近些年一些城市防灾规划注重公众参与,将人民的实际需求与防灾规划的目标进行充分结合。例如新奥尔良市在遭遇 2005 年大飓风后居住人口锐减 27 万,造成了无法估量的损失,故其在恢复重建的过程中转变发展思路,从被动变主动,逐渐转向韧性城市的建设,同时让城市居民参与到城市重建、规划过程中,逐渐恢复到灾前水平。在对韧性社区建设的具体措施中,首先,政府应尽一切努力建设一个健康的社区,凭借提供公平合理的就业机会,进而使社会秩序达到相对稳定的状态,同时通过降低犯罪率保证社会的和谐发展。其次,通过城市社区与城市规划改造的密切关系,构建出适合各行各业不同需求的住房,并以数字网络新技术的参与进一步展示城市文化的价值认同。再就是建立多个"安全韧性城市中心",加强社区应急避难的教育行动。最后,要关注城市社会的弱势群体,如儿童、老人、妇女等。全社会抗灾能力的提升,尤其要关注这些弱势群体有效应对灾害的能力。在社区年龄结构上要不断调整,使青年人在整体比重中较大,可以更好地应对社区老龄化问题。此外,像西部地区中成都市、重庆市这样的超大城市,应当坚持提供能够学习的安全韧性城市相关建设经验,并且要着重提高城市快速恢复能力、适应能力以及抵御重大灾害能力。

2. 构筑社会与社区的融合体系

研究表明,城市安全韧性和社会不同收入人群间存在一定关系[66]。通常而言相对贫困人群、城市暂住人群以及被边缘化群体等更易受到诸如气候灾害和其他灾害风险的影响。如今西部地区城市存在部分居民住房条件不好、收入不稳定,教育医疗卫生服务紧缺,核心基础设施不完善以及土地利用率不高等问题,故而抵御各种灾害风险的能力不高,尤其像甘肃、青海这类地方,往往自然灾害发生频率较高,城市安全韧性发展极其必要。因此西部地区在安全韧性城市建设过程中,要大力落实面向老弱人群、老旧社区的战略性关照,提供更多社会权益,同时要把社会公平正义充分体现到城市韧性的相关体系中,确保城市暂住人群能够学习到抵抗风险灾害的知识技能、保障其土地以及房屋使用权、强化相关专业技能培训,尽可能给各种社区集体提供公平的就业环境和参与公共决策活动的机会,敦促社会朝着平等和谐发展。像云南、广西这一类西部地区省份,应大力加强社区应急配套设施体系的建立,逐步完善社区安全应急管理人员的培训,扩大应急避难场地的占地面积,助力提升城市企业、园区、社区、单位等未知风险应对处理能力,以便灾害来临时能迅速采取措施有效抵御和恢复。

3. 全面建设安全韧性基础设施体系

通常来说，交通、通信、市政管道等城市核心设施是城市安全运作的重要基本保障，然而气候变化、突发灾害极易影响这些设施。设施安全韧性是安全韧性城市的前提和基础。第一，在城市基础设施规划建设中，要高度重视设施的用途和效果，保证新建和重建相关基础设施的选址和建设满足基本科学要求，在加强满足建设要求和基础设施更新原则的同时远离风险指数较高且脆弱性较高的区域。第二，做好城市设施建设技术和政府支撑保障，切实解决"设施老旧、过量使用"等问题，确保城市基础设施时刻处于较好的维护管理中，保证城市基础设施时刻有很高的韧性水平。第三，城市基础设施集中管理的思维方式应当发生根本性转变，特别是将与能源供应链相关的基础设施分散化的创新方法，对于稀释风险以及降低供应链中断时的损耗程度，起着至关重要的作用。

4. 优化城市安全韧性建设过程评估

为更好地实现城市安全韧性建设目标，城市防灾规划和城市安全韧性建设要不断监控其动态过程评估、调整规划内容以及检验建设效果，进而推动适应城市发展变化的需要和满足城市发展更新的需要。具体而言，应分析各个层面在顺序上的优先级，确定具体优先顺序以及不同风险下各个措施的顺序排列，而这些顺序并不是稳定不变的，会在资金的流动、相关文件的发布和修订以及城市建设的变化中不断调整。作为国外对城市韧性建设的标准之一，《东京都国土强韧化地域规划》是以 PDCA 循环模型——"计划（Plan）、实施（Do）、检查（Check）、改进（Action）"（图 9-1）为手段[67]。同时，加强安全韧性城市管理体系和"全寿命周期"理念的融会贯通，使管理矛盾在具体过程中得到缓解，从而降低城市系统在管理上的各类消耗。故而城市决策者应提升管理思维的系统性，运用"全寿命周期"理论促进城市安全韧性评估。

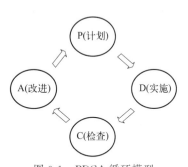

图 9-1　PDCA 循环模型

5. 合理提高公共财政投入，促进城市安全设施水平

设立安全韧性城市建设专项资金，统筹安排专项资金的使用和提高资金使用效益，保障安全韧性城市重点项目建设和资金需求。优化城市空间结构布局，引导城市以单中心向多中心、以圈层式向分布式发展，防止城市功能过度中心化。

升级加强城市现有设施规划，建设多选择性的城市交通体系。加强防灾应急场所规划的设置，推动城市基本公共服务资源的合理利用，使城市在各种环境中保持稳健的、可持续性的发展势头。

第三节 基于安全韧性城市协同治理视角的措施

一、优化安全韧性协同监督机制

在受到灾害的情况下，城市应急指挥部门拥有调派应急人员、指挥协助应对危机的能力，权威性是决策提出的必要前提。所以，既能实现从上到下监督，又能实现从下到上监督和既能实现对外监督，还能实现对内监督的制约机制的建立是极其有必要的，权力之间的制衡效果，可以促进城市安全韧性管理协调有序、平稳运行。

1. 构建制衡制度，优化执行手段

为确保城市安全韧性管理体制的执行效果，应着重落实实时监督和考核。制衡制度的设立可从目标和对象角度分为纵向制衡及横向制衡。在纵向制衡中，加强对环境破坏严重的项目工程的监督检查，防止衍生灾害的发生；监察部门要依法执法及时惩治破坏城市应急基础设施的单位或个体；同时对过度开发城市空间和不规范利用环境资源的企业单位零容忍。在横向制衡中，应当优化各部门间监测系统。相关部门设立城市安全韧性联合督检办，优化考核规章制度，定期考核各联动主体履职尽责情况，对敷衍汇报、不担当工作的单位及其领导按规定进行问责。不定期对相关部门进行调查，对隐瞒不报的立即处理。未通过评估的部门将受到惩罚，以确保安全韧性城市应急响应的实施。

2. 健全媒体监督机制

作为扩大传播范围的重要途径，媒体是连接政府和职能部门的媒介之一。西部地区各省份、自治区以及直辖市要合理有效地进行媒体管理，完善媒体内外的监督机制。媒体的管理既要加强完善相关制度规范及法律法规，长期培养新闻人的职业操守，确保新闻报道的切实性，同时又要正确指引媒体，当好城市安全的监督员。较为轻微的安全情况及时提醒纠正，不符合规章制度甚至不合法的现象要严肃处理，发挥出真正有效的监督作用。

二、加强多元协同联动

安全韧性城市治理应利用协同治理理论，通过数据收集或实践检验来达到优势互补的效果，促进社会力量的参与和社会各角色的协同共进，提高社会治理整体水平。在与城市相关的安全韧性公共事务中，政府应该扮演协调者、领导者和指挥者的角色，通过与社会各方的合作运营，提升应急联动管理能力，最终提升城市安全韧性管理能力。

1. 调整公共服务职能

相关政府部门要尽可能利用市场竞争机制，充分利用资源，发挥优势，弥补短板。目前西部地区很大一部分的城市依旧使用传统的基础设施维护手段，职能部门发挥主导作用，国企是维护城市设施安全韧性运行的主体。因为政府的资源主要分配给国有企业，并没有真正将运维模式脱离政府的掌控。所以无论是从市场需求还是政府方的内部因素来看，都应该在这一领域引入城市设施安全韧性运维，让企业方全面参与到应急设施的管理建设中来。西部地区安全韧性城市建设可采用PPP建设模式，将社会资本方引入合作，由承包商负责城市安全设施的维护升级，政府部门只需明确自身职责。只有这样才能够清晰定位企业职能，降低企业风险。政府与企业应当相互配合，不断推进国内外新技术的运用，提高城市安全韧性治理，达到共赢效果。

2. 建成多元化参与平台

随着现代科技信息技术的不断更新改进，更多具有科学性高效性的技术手段实施到城市管理工作中。我国正处于社会转型的特殊历史时期，这也正是突发公共安全事件的高发期，可能会对人民、社会乃至国家的安全造成极大影响。如果各部门、各组织不能充分利用其优势，实现信息协调联动，将会很难应对突发事件所带来的各种安全问题。在应对公共危机时，社会公共组织通常能很快反应、在资源运作能力和专业化上具有一定优势，可以显著补充地方相关部门存在的灾害管理能力不足。在遭受自然灾害时，应立即调动社会组织的积极性，这将能够凝聚社会各界组织的积极性，进而产生各自的组织力量，形成社会本身在灾害到临时的管控及其与政府相关组织的良性互动。因此，政府职能部门应当转变传统观念，激发多元主体一起参与城市安全治理，让更多社会组织单位成为政府治理的助力。

第四节　基于安全韧性城市制度体系视角的措施

制度规范作为城市生态的平衡器，能够在城市生态受到破坏时提供调解矛盾、推动新平衡产生的作用。对于政府来说，"其强调的是公共权力的责任，强调的是如何使政府及其机构和官员对其最终的所有者——公民更加负责"[68]。政府权利能力换句话说就是责任能力，这既是协调整治主体关系的基本根据，也是城市治理主体发挥各自作用的重要着力点。

1. 健全城市安全韧性制度框架体系

作为西部地区屈指可数的超大城市，成都市和重庆市安全韧性城市建设一直是一项复杂的系统工程，涉及政府、社会、市场和群众。这不仅需要地方政府推进组织体系重大改革，更需要构建独具特色的安全韧性城市组织体系，推动实施相应的安全韧性规划建设管理行动，而且还需依靠社会民众和广大市场主体的积极参与，实现资源的整理融合以及协同增效，激发集体行动力和活力，用更为权威的规章制度、法律条约为建设安全韧性城市提供基本动力。因此，除了通过政府颁布安全韧性城市相关法律法规以外，还应当完善跨部门、跨时空、跨层次的安全韧性城市建设体制机制，充分使各项政策相关文件，设计安全韧性城市总体规划落地。进一步鼓励并支持社会组织在应急服务和城市安全风险领域的发展，建立和完善社会组织、志愿者、慈善团体等社会力量共同协助灾前、灾中、灾后各项行动的政策。加快探索安全韧性城市建设中政府和市场的合作机制，形成政府高效、市场有效、社会充满活力的常态长效协同治理新格局。同时，应并肩推进城市数字化转型，获取并提高监测预警能力与灾害风险的动态觉察特性，构建"态势智能判断、态势全面感知、行动人机合作、资源协调分配"的全寿命周期风险管控体系，建立安全韧性城市的运行数字系统。

2. 强化领导及决策机制，优化制度机制保障

制度机制建设一直以来都是我国推进安全韧性城市建设发展的重要保障，应当坚持需求导向和问题导向，强化从个人到城市再到区域再上升到国家层面的安全韧性。大城市应当专门建立安全韧性城市相关领导班子，以市领导为核心，并融合政府、企业以及各方专家等力量，出台安全韧性城市规划、保障机制及行动计划等相关成果，并向社会公开城市安全韧性评估成果和抗灾能力数据。鼓励设置相关的研究机构，负责城市安全韧性体系与城市灾害风险动态评估技术、城市生命线工程系统安全监测、安全韧性城市综合评价以及安全规划技术等相关工

作。构建地方战略合作平台，通过区域共同利益，搭建区域性城市灾害风险联防评价体系，支撑区域性可持续发展。

3. 完善应急法律法规，加强社会治理体系

应当把城市安全韧性上升到维护国家经济安全发展的战略高度，完善安全韧性城市建设的相关政策标准，制定修改抢险救灾、综合减灾、灾后重建以及灾害救助等方面的地方性规范文件，为安全韧性城市的建设提供相应法治保障。完善应急管理体制，建立上下联动、反应灵敏的城市应急网络和实用化应急处置模式，构建全天候数字综合性风险预测管理信息共享平台以及城市数字化安全风险监测预警机制，增强各类风险的预防能力，全面提高城市应急能力及风险管理能力。

本章小结

安全韧性城市的建设具有长期性、复杂性和不确定性，故在短短数年的建设中很难取得显著的效果。本章节根据前文我国西部地区各省份、自治区、直辖市的安全韧性城市评价时空演化分析结论，结合社会、经济和技术等方面的发展状况，从风险识别体系、韧性治理规划、建设任务与目标、协同治理以及制度体系等多角度考虑强化城市安全韧性和面临风险时的应对措施与优化策略。

附录A

城市安全韧性评价指标体系调查表

尊敬的专家：您好！

目前课题组正在进行"安全韧性城市"课题研究。本问卷目的是构建城市安全韧性评价的指标体系。请您在认为合适的指标选项后画"√"，并回答相关问题。完成本问卷大约需要占用您5分钟的宝贵时间，深表感谢！

一、您的基本信息

工作单位：行政主管部门（　　）　　　高校/科研院所（　　）

　　　　　企业单位（　　）

工作岗位：　　　　　　　　　　　　　职称：

二、城市安全韧性评价指标筛选

城市安全韧性评价指标体系，包括定量指标和定性指标，具体见下表内容。请您在认为合适的因素旁画"√"。

序号	三级指标名称	是否合适及调整意见
1	建成区常住人口密度	
2	城镇职工基本医疗保险水平	
3	暂住人口比例	
4	残疾人口比例	
5	城市卫生技术人才储备水平	
6	医院数量水平	
7	社会组织单位水平	
8	人身意外保险收入	

续表

序号	三级指标名称	是否合适及调整意见
9	城市商业保险收入	
10	工伤保险覆盖人员数	
11	土地开发强度	
12	安全薄弱区域用地面积比例	
13	建筑业企业从业人员数	
14	路网密度	
15	万人人均道路长度	
16	城市交通照明设施水平	
17	移动电话普及率	
18	接入固定宽带家庭数	
19	燃气供应设施水平	
20	地震监测设施水平	
21	气象灾害监测预报预警信息公众覆盖率	
22	城市智能化管网密度	
23	人均避难场所面积	
24	每万人救灾储备机构库房建筑面积	
25	万人医疗卫生机构床位数	
26	绿化覆盖率	
27	每百万人口因灾死亡率	
28	年因灾直接经济损失占地区生产总值的比例	
29	甲乙类法定传染病死亡率	
30	万人火灾死亡率	
31	万人刑事案件发生率	
32	年受灾人数比例	
33	公共安全财政支出	
34	医疗卫生财政支出	
35	交通运输财政支出	

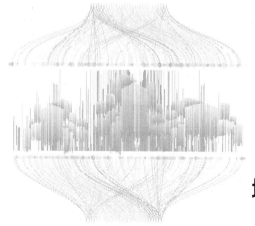

城市安全韧性评价指标因子分析调查表

尊敬的专家：您好！

目前课题组正在进行"安全韧性城市"课题研究。本问卷目的是对城市安全韧性评价的指标体系进行因子分析。请您在认为合适的指标选项后画"√"，并回答相关问题。完成本问卷大约需要占用您5分钟的宝贵时间，深表感谢！

一、您的基本信息

工作单位：行政主管部门（　　）　　高校/科研院所（　　）

　　　　　企业单位（　　）

工作岗位：　　　　　　　　　　　　职称：

二、城市安全韧性评价指标筛选

城市安全韧性评价指标体系，包括定量指标和定性指标，本问卷采用5级量表，5、4、3、2、1分别表示"非常重要""重要""一般""不重要""非常不重要"。具体见下表内容。请您在认为合适的选项下画"√"。

序号	三级指标名称	重要性				
		5	4	3	2	1
1	建成区常住人口密度					
2	城镇职工基本医疗保险水平					
3	暂住人口比例					
4	残疾人口比例					
5	城市卫生技术人才储备水平					
6	医院数量水平					

续表

序号	三级指标名称	重要性				
		5	4	3	2	1
7	社会组织单位水平					
8	人身意外保险收入					
9	城市商业保险收入					
10	工伤保险覆盖人员数					
11	土地开发强度					
12	安全薄弱区域用地面积比例					
13	建筑业企业从业人员数					
14	路网密度					
15	万人人均道路长度					
16	城市交通照明设施水平					
17	移动电话普及率					
18	接入固定宽带家庭数					
19	燃气供应设施水平					
20	地震监测设施水平					
21	气象灾害监测预报预警信息公众覆盖率					
22	城市智能化管网密度					
23	人均避难场所面积					
24	每万人救灾储备机构库房建筑面积					
25	万人医疗卫生机构床位数					
26	绿化覆盖率					
27	每百万人口因灾死亡率					
28	年因灾直接经济损失占地区生产总值的比例					
29	甲乙类法定传染病死亡率					
30	万人火灾死亡率					
31	万人刑事案件发生率					
32	年受灾人数比例					
33	公共安全财政支出					
34	医疗卫生财政支出					
35	交通运输财政支出					

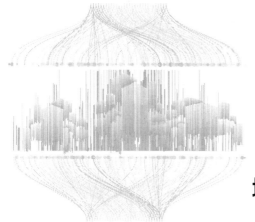

城市安全韧性评价指标相对重要性调查表

尊敬的专家：您好！

目前课题组正在进行"安全韧性城市"课题研究。本问卷目的是对安全韧性城市评价的指标体系进行权重确定。请您在认为合适的指标选项后画"√"，并回答相关问题。完成本问卷大约需要占用您5分钟的宝贵时间，深表感谢！

一、您的基本信息

工作单位：行政主管部门（　　）　　　高校/科研院所（　　）

　　　　　企业单位（　　）

工作岗位：　　　　　　　　　　　　　职称：

二、城市安全韧性评价指标权重确定

下表涉及安全韧性城市评价指标体系。下列各表格两侧是评价指标，问卷的中间部分则是两侧指标的相对重要性分值。请您根据两侧指标的相对重要性，在合适的评分结果下打"√"。表中所示为X对于Y的相对重要性，本问卷采用5分法进行调查，从1至5表示指标X对指标Y重要程度逐渐增加，从1至1/5表示指标Y对指标X相对不重要程度逐渐增加。

下列各组两两比较要素，对于"城市安全韧性（A）"的相对重要性如何？

X	重要性比较									Y
	1/5	1/4	1/3	1/2	1	2	3	4	5	
城市人员安全韧性(B1)										城市设施安全韧性(B2)
城市人员安全韧性(B1)										城市管理安全韧性(B3)
城市设施安全韧性(B2)										城市管理安全韧性(B3)

附录C 城市安全韧性评价指标相对重要性调查表

下列各组两两比较要素，对于"城市人员安全韧性（B1）"的相对重要性如何？

X	重要性比较									Y
	1/5	1/4	1/3	1/2	1	2	3	4	5	
人口基本属性(C1)										社会参与准备(C2)
人口基本属性(C1)										安全感与安全文化(C3)
社会参与准备(C2)										安全感与安全文化(C3)

下列各组两两比较要素，对于"城市设施安全韧性（B2）"的相对重要性如何？

X	重要性比较									Y
	1/5	1/4	1/3	1/2	1	2	3	4	5	
建筑工程(C4)										交通设施(C5)
建筑工程(C4)										生命线工程设施(C6)
建筑工程(C4)										监测预警设施(C7)
建筑工程(C4)										应急保障设施(C8)
交通设施(C5)										生命线工程设施(C6)
交通设施(C5)										监测预警设施(C7)
交通设施(C5)										应急保障设施(C8)
生命线工程设施(C6)										监测预警设施(C7)
生命线工程设施(C6)										应急保障设施(C8)
监测预警设施(C7)										应急保障设施(C8)

下列各组两两比较要素，对于"城市管理安全韧性（B3）"的相对重要性如何？

X	重要性比较									Y
	1/5	1/4	1/3	1/2	1	2	3	4	5	
风险控制水平(C9)										支撑保障投入(C10)

下列各组两两比较要素，对于"人口基本属性（C1）"的相对重要性如何？

X	重要性比较									Y
	1/5	1/4	1/3	1/2	1	2	3	4	5	
建成区常住人口密度(D1)										城镇职工基本医疗保险水平(D2)

续表

X	重要性比较									Y
	1/5	1/4	1/3	1/2	1	2	3	4	5	
建成区常住人口密度(D1)										暂住人口比例(D3)
城镇职工基本医疗保险水平(D2)										暂住人口比例(D3)

下列各组两两比较要素,对于"社会参与准备(C2)"的相对重要性如何?

X	重要性比较									Y
	1/5	1/4	1/3	1/2	1	2	3	4	5	
城市卫生技术人才储备水平(D4)										医院数量水平(D5)
城市卫生技术人才储备水平(D4)										社会组织单位水平(D6)
医院数量水平(D5)										社会组织单位水平(D6)

下列各组两两比较要素,对于"安全感与安全文化(C3)"的相对重要性如何?

X	重要性比较									Y
	1/5	1/4	1/3	1/2	1	2	3	4	5	
人身意外保险收入(D7)										商业保险收入(D8)
人身意外保险收入(D7)										工伤保险覆盖人员数(D9)
商业保险收入(D8)										工伤保险覆盖人员数(D9)

下列各组两两比较要素,对于"建筑工程(C4)"的相对重要性如何?

X	重要性比较									Y
	1/5	1/4	1/3	1/2	1	2	3	4	5	
土地开发强度(D10)										安全薄弱区域用地面积比例(D11)
土地开发强度(D10)										建筑业企业从业人员数(D12)
安全薄弱区域用地面积比例(D11)										建筑业企业从业人员数(D12)

下列各组两两比较要素,对于"交通设施(C5)"的相对重要性如何?

X	重要性比较									Y
	1/5	1/4	1/3	1/2	1	2	3	4	5	
路网密度(D13)										城市交通照明设施水平(D14)

附录C 城市安全韧性评价指标相对重要性调查表

下列各组两两比较要素，对于"生命线工程设施（C6）"的相对重要性如何？

X	重要性比较									Y
	1/5	1/4	1/3	1/2	1	2	3	4	5	
移动电话普及率(D15)										接入固定宽带家庭数(D16)
移动电话普及率(D15)										燃气供应设施水平(D17)
接入固定宽带家庭数(D16)										燃气供应设施水平(D17)

下列各组两两比较要素，对于"监测预警设施（C7）"的相对重要性如何？

X	重要性比较									Y
	1/5	1/4	1/3	1/2	1	2	3	4	5	
地震监测设施水平(D18)										气象灾害监测预报预警信息公众覆盖率(D19)
地震监测设施水平(D18)										城市智能化管网密度(D20)
气象灾害监测预报预警信息公众覆盖率(D19)										城市智能化管网密度(D20)

下列各组两两比较要素，对于"应急保障设施（C8）"的相对重要性如何？

X	重要性比较									Y
	1/5	1/4	1/3	1/2	1	2	3	4	5	
人均避难场所面积(D21)										每万人救灾储备机构库房建筑面积(D22)
人均避难场所面积(D21)										万人医疗卫生机构床位数(23)
人均避难场所面积(D21)										绿化覆盖率(24)
每万人救灾储备机构库房建筑面积(D22)										万人医疗卫生机构床位数(23)
每万人救灾储备机构库房建筑面积(D22)										绿化覆盖率(24)
万人医疗卫生机构床位数(23)										绿化覆盖率(24)

下列各组两两比较要素，对于"风险控制水平（C9）"的相对重要性如何？

X	重要性比较									Y
	1/5	1/4	1/3	1/2	1	2	3	4	5	
每百万人口因灾死亡率(D25)										年因灾直接经济损失占地区生产总值的比例(D26)

续表

X	重要性比较								Y
	1/5	1/4	1/3	1/2	1	2	3	4	5	
每百万人口因灾死亡率(D25)										年受灾人数比例(D27)
年因灾直接经济损失占地区生产总值的比例(D26)										年受灾人数比例(D27)

下列各组两两比较要素，对于"支撑保障投入（C10）"的相对重要性如何？

X	重要性比较								Y
	1/5	1/4	1/3	1/2	1	2	3	4	5	
公共安全财政支出(D28)										医疗卫生财政支出(D29)
公共安全财政支出(D28)										交通运输财政支出(D30)
医疗卫生财政支出(D29)										交通运输财政支出(D30)

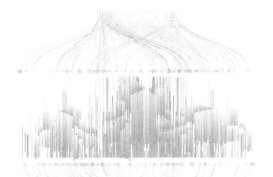

附录D

2017年、2019年、2021年西部各地区突变级数值

表 D-1　2017 年重庆市城市安全韧性突变值

三级指标	突变值	二级指标	突变值	一级指标	突变值	总目标	突变值
建成区常住人口密度(D1)	0.790	人口基本属性(C1)	0.732	城市人员安全韧性(B1)	0.861	城市安全韧性(A)	0.925
城镇职工基本医疗保险水平(D2)	0.295						
暂住人口比例(D3)	0.357						
城市卫生技术人才储备水平(D4)	0.014	社会参与准备(C2)	0.533				
医院数量水平(D5)	0.450						
社会组织单位水平(D6)	0.290						
人身意外保险收入(D7)	0.321	安全感与安全文化(C3)	0.663				
城市商业保险收入(D8)	0.312						
工伤保险覆盖人员数(D9)	0.313						
土地开发强度(D10)	0.955	建筑工程(C4)	0.848	城市设施安全韧性(B2)	0.724		
安全薄弱区域用地面积比例(D11)	0.525						
建筑业企业从业人员数(D12)	0.610						
路网密度(D13)	0.712	交通设施(C5)	0.725				
城市交通照明设施水平(D14)	0.223						
移动电话普及率(D15)	0.489	生命线工程设施(C6)	0.524				
接入固定宽带家庭数(D16)	0.291						
燃气供应设施水平(D17)	0.275						
地震监测设施水平(D18)	0.004	监测预警设施(C7)	0.591				
气象灾害监测预报预警信息公众覆盖率(D19)	0.521						
城市智能化管网密度(D20)	0.514						

续表

三级指标	突变值	二级指标	突变值	一级指标	突变值	总目标	突变值
人均避难场所面积(D21)	0.000	应急保障设施(C8)	0.419	城市设施安全韧性(B2)	0.724	城市安全韧性(A)	0.925
每万人救灾储备机构库房建筑面积(D22)	0.003						
万人医疗卫生机构床位数(D23)	0.120						
绿化覆盖率(D24)	0.736						
每百万人口因灾死亡率(D25)	0.721	风险控制水平(C9)	0.922	城市管理安全韧性(B3)	0.898		
年因灾直接经济损失占地区生产总值的比例(D26)	0.967						
年受灾人数比例(D27)	0.954						
公共安全财政支出(D28)	0.367	支撑保障投入(C10)	0.676				
医疗卫生财政支出(D29)	0.314						
交通运输财政支出(D30)	0.304						

表 D-2 2017 年四川省城市安全韧性突变值

三级指标	突变值	二级指标	突变值	一级指标	突变值	总目标	突变值
建成区常住人口密度(D1)	0.649	人口基本属性(C1)	0.877	城市人员安全韧性(B1)	0.941	城市安全韧性(A)	0.947
城镇职工基本医疗保险水平(D2)	0.774						
暂住人口比例(D3)	0.621						
城市卫生技术人才储备水平(D4)	0.056	社会参与准备(C2)	0.710				
医院数量水平(D5)	0.716						
社会组织单位水平(D6)	0.920						
人身意外保险收入(D7)	0.871	安全感与安全文化(C3)	0.911				
城市商业保险收入(D8)	0.874						
工伤保险覆盖人员数(D9)	0.576						
土地开发强度(D10)	0.555	建筑工程(C4)	0.745	城市设施安全韧性(B2)	0.769		
安全薄弱区域用地面积比例(D11)	0.585						
建筑业企业从业人员数(D12)	0.967						
路网密度(D13)	0.666	交通设施(C5)	0.829				
城市交通照明设施水平(D14)	0.596						
移动电话普及率(D15)	0.122	生命线工程设施(C6)	0.591				
接入固定宽带家庭数(D16)	0.694						
燃气供应设施水平(D17)	0.644						

续表

三级指标	突变值	二级指标	突变值	一级指标	突变值	总目标	突变值
地震监测设施水平(D18)	0.137	监测预警设施(C7)	0.779	城市设施安全韧性(B2)	0.769	城市安全韧性(A)	0.947
气象灾害监测预报预警信息公众覆盖率(D19)	0.658						
城市智能化管网密度(D20)	0.740						
人均避难场所面积(D21)	0.199	应急保障设施(C8)	0.607				
每万人救灾储备机构库房建筑面积(D22)	0.082						
万人医疗卫生机构床位数(D23)	0.143						
绿化覆盖率(D24)	0.706						
每百万人口因灾死亡率(D25)	0.399	风险控制水平(C9)	0.795	城市管理安全韧性(B3)	0.944		
年因灾直接经济损失占地区生产总值的比例(D26)	0.757						
年受灾人数比例(D27)	0.979						
公共安全财政支出(D28)	0.871	支撑保障投入(C10)	0.924				
医疗卫生财政支出(D29)	0.870						
交通运输财政支出(D30)	0.608						

表 D-3 2017 年贵州省城市安全韧性突变值

三级指标	突变值	二级指标	突变值	一级指标	突变值	总目标	突变值
建成区常住人口密度(D1)	0.418	人口基本属性(C1)	0.718	城市人员安全韧性(B1)	0.861	城市安全韧性(A)	0.873
城镇职工基本医疗保险水平(D2)	0.171						
暂住人口比例(D3)	0.820						
城市卫生技术人才储备水平(D4)	0.552	社会参与准备(C2)	0.772				
医院数量水平(D5)	1.000						
社会组织单位水平(D6)	0.189						
人身意外保险收入(D7)	0.102	安全感与安全文化(C3)	0.507				
城市商业保险收入(D8)	0.145						
工伤保险覆盖人员数(D9)	0.190						
土地开发强度(D10)	0.508	建筑工程(C4)	0.585	城市设施安全韧性(B2)	0.489		
安全薄弱区域用地面积比例(D11)	0.575						
建筑业企业从业人员数(D12)	0.200						
路网密度(D13)	0.412	交通设施(C5)	0.624				
城市交通照明设施水平(D14)	0.223						

续表

三级指标	突变值	二级指标	突变值	一级指标	突变值	总目标	突变值
移动电话普及率(D15)	0.247	生命线工程设施(C6)	0.239	城市设施安全韧性(B2)	0.489	城市安全韧性(A)	0.873
接入固定宽带家庭数(D16)	0.173						
燃气供应设施水平(D17)	0.057						
地震监测设施水平(D18)	0.001	监测预警设施(C7)	0.652				
气象灾害监测预报预警信息公众覆盖率(D19)	1.000						
城市智能化管网密度(D20)	0.612						
人均避难场所面积(D21)	0.181	应急保障设施(C8)	0.675				
每万人救灾储备机构库房建筑面积(D22)	0.135						
万人医疗卫生机构床位数(D23)	0.721						
绿化覆盖率(D24)	0.423						
每百万人口因灾死亡率(D25)	0.338	风险控制水平(C9)	0.763	城市管理安全韧性(B3)	0.883		
年因灾直接经济损失占地区生产总值的比例(D26)	0.745						
年受灾人数比例(D27)	0.720						
公共安全财政支出(D28)	0.436	支撑保障投入(C10)	0.727				
医疗卫生财政支出(D29)	0.410						
交通运输财政支出(D30)	0.366						

表 D-4　2017 年云南省城市安全韧性突变值

三级指标	突变值	二级指标	突变值	一级指标	突变值	总目标	突变值
建成区常住人口密度(D1)	0.701	人口基本属性(C1)	0.780	城市人员安全韧性(B1)	0.884	城市安全韧性(A)	0.642
城镇职工基本医疗保险水平(D2)	0.215						
暂住人口比例(D3)	0.889						
城市卫生技术人才储备水平(D4)	0.483	社会参与准备(C2)	0.748				
医院数量水平(D5)	0.379						
社会组织单位水平(D6)	0.448						
人身意外保险收入(D7)	0.194	安全感与安全文化(C3)	0.591				
城市商业保险收入(D8)	0.251						
工伤保险覆盖人员数(D9)	0.227						
土地开发强度(D10)	0.191	建筑工程(C4)	0.437	城市设施安全韧性(B2)	0.000		
安全薄弱区域用地面积比例(D11)	0.870						
建筑业企业从业人员数(D12)	0.409						

续表

三级指标	突变值	二级指标	突变值	一级指标	突变值	总目标	突变值
路网密度(D13)	0.207	交通设施(C5)	0.511	城市设施安全韧性(B2)	0.000	城市安全韧性(A)	0.642
城市交通照明设施水平(D14)	0.181						
移动电话普及率(D15)	0.000	生命线工程设施(C6)	0.000				
接入固定宽带家庭数(D16)	0.308						
燃气供应设施水平(D17)	0.051						
地震监测设施水平(D18)	0.323	监测预警设施(C7)	0.687				
气象灾害监测预报预警信息公众覆盖率(D19)	0.450						
城市智能化管网密度(D20)	0.294						
人均避难场所面积(D21)	0.185	应急保障设施(C8)	0.675				
每万人救灾储备机构库房建筑面积(D22)	0.163						
万人医疗卫生机构床位数(D23)	0.454						
绿化覆盖率(D24)	0.599						
每百万人口因灾死亡率(D25)	0.115	风险控制水平(C9)	0.582	城市管理安全韧性(B3)	0.870		
年因灾直接经济损失占地区生产总值的比例(D26)	0.751						
年受灾人数比例(D27)	0.738						
公共安全财政支出(D28)	0.597	支撑保障投入(C10)	0.821				
医疗卫生财政支出(D29)	0.539						
交通运输财政支出(D30)	0.588						

表 D-5　2017 年陕西省城市安全韧性突变值

三级指标	突变值	二级指标	突变值	一级指标	突变值	总目标	突变值
建成区常住人口密度(D1)	0.764	人口基本属性(C1)	0.823	城市人员安全韧性(B1)	0.904	城市安全韧性(A)	0.917
城镇职工基本医疗保险水平(D2)	0.284						
暂住人口比例(D3)	1.000						
城市卫生技术人才储备水平(D4)	0.273	社会参与准备(C2)	0.732				
医院数量水平(D5)	0.620						
社会组织单位水平(D6)	0.486						
人身意外保险收入(D7)	0.380	安全感与安全文化(C3)	0.683				
城市商业保险收入(D8)	0.371						
工伤保险覆盖人员数(D9)	0.280						

续表

三级指标	突变值	二级指标	突变值	一级指标	突变值	总目标	突变值
土地开发强度(D10)	0.283	建筑工程(C4)	0.532	城市设施安全韧性(B2)	0.665	城市安全韧性(A)	0.917
安全薄弱区域用地面积比例(D11)	0.901						
建筑业企业从业人员数(D12)	0.368						
路网密度(D13)	0.574	交通设施(C5)	0.662				
城市交通照明设施水平(D14)	0.181						
移动电话普及率(D15)	0.584	生命线工程设施(C6)	0.443				
接入固定宽带家庭数(D16)	0.292						
燃气供应设施水平(D17)	0.196						
地震监测设施水平(D18)	0.200	监测预警设施(C7)	0.699				
气象灾害监测预报预警信息公众覆盖率(D19)	0.343						
城市智能化管网密度(D20)	0.531						
人均避难场所面积(D21)	0.628	应急保障设施(C8)	0.695				
每万人救灾储备机构库房建筑面积(D22)	0.056						
万人医疗卫生机构床位数(D23)	0.210						
绿化覆盖率(D24)	0.695						
每百万人口因灾死亡率(D25)	0.471	风险控制水平(C9)	0.792	城市管理安全韧性(B3)	0.881		
年因灾直接经济损失占地区生产总值的比例(D26)	0.497						
年受灾人数比例(D27)	0.633						
公共安全财政支出(D28)	0.380	支撑保障投入(C10)	0.700				
医疗卫生财政支出(D29)	0.389						
交通运输财政支出(D30)	0.324						

表 D-6 2017 年甘肃省城市安全韧性突变值

三级指标	突变值	二级指标	突变值	一级指标	突变值	总目标	突变值
建成区常住人口密度(D1)	0.367	人口基本属性(C1)	0.639	城市人员安全韧性(B1)	0.815	城市安全韧性(A)	0.767
城镇职工基本医疗保险水平(D2)	0.122						
暂住人口比例(D3)	0.494						
城市卫生技术人才储备水平(D4)	0.070	社会参与准备(C2)	0.563				
医院数量水平(D5)	0.137						
社会组织单位水平(D6)	0.544						

续表

三级指标	突变值	二级指标	突变值	一级指标	突变值	总目标	突变值
人身意外保险收入(D7)	0.129	安全感与安全文化(C3)	0.474	城市人员安全韧性(B1)	0.815	城市安全韧性(A)	0.767
城市商业保险收入(D8)	0.135						
工伤保险覆盖人员数(D9)	0.095						
土地开发强度(D10)	0.083	建筑工程(C4)	0.288				
安全薄弱区域用地面积比例(D11)	0.281						
建筑业企业从业人员数(D12)	0.142						
路网密度(D13)	0.178	交通设施(C5)	0.436	城市设施安全韧性(B2)	0.333		
城市交通照明设施水平(D14)	0.092						
移动电话普及率(D15)	0.216	生命线工程设施(C6)	0.111				
接入固定宽带家庭数(D16)	0.144						
燃气供应设施水平(D17)	0.012						
地震监测设施水平(D18)	0.111	监测预警设施(C7)	0.547				
气象灾害监测预报预警信息公众覆盖率(D19)	0.264						
城市智能化管网密度(D20)	0.179						
人均避难场所面积(D21)	0.524	应急保障设施(C8)	0.656				
每万人救灾储备机构库房建筑面积(D22)	0.361						
万人医疗卫生机构床位数(D23)	0.131						
绿化覆盖率(D24)	0.069						
每百万人口因灾死亡率(D25)	0.672	风险控制水平(C9)	0.000	城市管理安全韧性(B3)	0.391		
年因灾直接经济损失占地区生产总值的比例(D26)	0.000						
年受灾人数比例(D27)	0.379						
公共安全财政支出(D28)	0.227	支撑保障投入(C10)	0.613				
医疗卫生财政支出(D29)	0.239						
交通运输财政支出(D30)	0.301						

表 D-7 2017 年青海省城市安全韧性突变值

三级指标	突变值	二级指标	突变值	一级指标	突变值	总目标	突变值
建成区常住人口密度(D1)	1.000	人口基本属性(C1)	0.640	城市人员安全韧性(B1)	0.544	城市安全韧性(A)	0.519
城镇职工基本医疗保险水平(D2)	0.000						
暂住人口比例(D3)	0.778						

续表

三级指标	突变值	二级指标	突变值	一级指标	突变值	总目标	突变值
城市卫生技术人才储备水平(D4)	1.000	社会参与准备(C2)	0.481	城市人员安全韧性(B1)	0.544	城市安全韧性(A)	0.519
医院数量水平(D5)	0.005						
社会组织单位水平(D6)	0.005						
人身意外保险收入(D7)	0.000	安全感与安全文化(C3)	0.000				
城市商业保险收入(D8)	0.000						
工伤保险覆盖人员数(D9)	0.000						
土地开发强度(D10)	0.003	建筑工程(C4)	0.059	城市设施安全韧性(B2)	0.000		
安全薄弱区域用地面积比例(D11)	0.909						
建筑业企业从业人员数(D12)	0.014						
路网密度(D13)	0.000	交通设施(C5)	0.000				
城市交通照明设施水平(D14)	0.000						
移动电话普及率(D15)	0.372	生命线工程设施(C6)	0.000				
接入固定宽带家庭数(D16)	0.000						
燃气供应设施水平(D17)	0.000						
地震监测设施水平(D18)	0.004	监测预警设施(C7)	0.086				
气象灾害监测预报预警信息公众覆盖率(D19)	0.000						
城市智能化管网密度(D20)	0.000						
人均避难场所面积(D21)	0.580	应急保障设施(C8)	0.671				
每万人救灾储备机构库房建筑面积(D22)	0.783						
万人医疗卫生机构床位数(D23)	1.000						
绿化覆盖率(D24)	0.000						
每百万人口因灾死亡率(D25)	0.000	风险控制水平(C9)	0.000	城市管理安全韧性(B3)	0.301		
年因灾直接经济损失占地区生产总值的比例(D26)	0.536						
年受灾人数比例(D27)	0.130						
公共安全财政支出(D28)	0.056	支撑保障投入(C10)	0.363				
医疗卫生财政支出(D29)	0.048						
交通运输财政支出(D30)	0.058						

表 D-8 2017 年宁夏回族自治区城市安全韧性突变值

三级指标	突变值	二级指标	突变值	一级指标	突变值	总目标	突变值
建成区常住人口密度(D1)	0.120	人口基本属性(C1)	0.470	城市人员安全韧性(B1)	0.731	城市安全韧性(A)	0.833
城镇职工基本医疗保险水平(D2)	0.016						
暂住人口比例(D3)	0.335						
城市卫生技术人才储备水平(D4)	0.203	社会参与准备(C2)	0.487				
医院数量水平(D5)	0.214						
社会组织单位水平(D6)	0.037						
人身意外保险收入(D7)	0.039	安全感与安全文化(C3)	0.302				
城市商业保险收入(D8)	0.040						
工伤保险覆盖人员数(D9)	0.018						
土地开发强度(D10)	0.497	建筑工程(C4)	0.261	城市设施安全韧性(B2)	0.485		
安全薄弱区域用地面积比例(D11)	0.977						
建筑业企业从业人员数(D12)	0.018						
路网密度(D13)	0.437	交通设施(C5)	0.523				
城市交通照明设施水平(D14)	0.057						
移动电话普及率(D15)	0.746	生命线工程设施(C6)	0.235				
接入固定宽带家庭数(D16)	0.018						
燃气供应设施水平(D17)	0.055						
地震监测设施水平(D18)	0.061	监测预警设施(C7)	0.557				
气象灾害监测预报预警信息公众覆盖率(D19)	0.419						
城市智能化管网密度(D20)	0.181						
人均避难场所面积(D21)	0.659	应急保障设施(C8)	0.788				
每万人救灾储备机构库房建筑面积(D22)	0.455						
万人医疗卫生机构床位数(D23)	0.157						
绿化覆盖率(D24)	0.745						
每百万人口因灾死亡率(D25)	1.000	风险控制水平(C9)	0.536	城市管理安全韧性(B3)	0.663		
年因灾直接经济损失占地区生产总值的比例(D26)	0.780						
年受灾人数比例(D27)	0.287						
公共安全财政支出(D28)	0.001	支撑保障投入(C10)	0.265				
医疗卫生财政支出(D29)	0.016						
交通运输财政支出(D30)	0.065						

表 D-9　2017 年广西壮族自治区城市安全韧性突变值

三级指标	突变值	二级指标	突变值	一级指标	突变值	总目标	突变值
建成区常住人口密度(D1)	0.419	人口基本属性(C1)	0.740	城市人员安全韧性(B1)	0.858	城市安全韧性(A)	0.867
城镇职工基本医疗保险水平(D2)	0.250						
暂住人口比例(D3)	0.767						
城市卫生技术人才储备水平(D4)	0.098	社会参与准备(C2)	0.591				
医院数量水平(D5)	0.208						
社会组织单位水平(D6)	0.482						
人身意外保险收入(D7)	0.201	安全感与安全文化(C3)	0.587				
城市商业保险收入(D8)	0.228						
工伤保险覆盖人员数(D9)	0.230						
土地开发强度(D10)	0.459	建筑工程(C4)	0.678	城市设施安全韧性(B2)	0.460		
安全薄弱区域用地面积比例(D11)	0.529						
建筑业企业从业人员数(D12)	0.335						
路网密度(D13)	0.459	交通设施(C5)	0.665				
城市交通照明设施水平(D14)	0.277						
移动电话普及率(D15)	0.045	生命线工程设施(C6)	0.211				
接入固定宽带家庭数(D16)	0.297						
燃气供应设施水平(D17)	0.045						
地震监测设施水平(D18)	0.116	监测预警设施(C7)	0.641				
气象灾害监测预报预警信息公众覆盖率(D19)	0.387						
城市智能化管网密度(D20)	0.373						
人均避难场所面积(D21)	0.102	应急保障设施(C8)	0.443				
每万人救灾储备机构库房建筑面积(D22)	0.161						
万人医疗卫生机构床位数(D23)	0.000						
绿化覆盖率(D24)	0.623						
每百万人口因灾死亡率(D25)	0.487	风险控制水平(C9)	0.835	城市管理安全韧性(B3)	0.897		
年因灾直接经济损失占地区生产总值的比例(D26)	0.646						
年受灾人数比例(D27)	0.935						
公共安全财政支出(D28)	0.468	支撑保障投入(C10)	0.728				
医疗卫生财政支出(D29)	0.498						
交通运输财政支出(D30)	0.248						

表 D-10　2017年内蒙古自治区城市安全韧性突变值

三级指标	突变值	二级指标	突变值	一级指标	突变值	总目标	突变值
建成区常住人口密度(D1)	0.164	人口基本属性(C1)	0.567	城市人员安全韧性(B1)	0.821	城市安全韧性(A)	0.876
城镇职工基本医疗保险水平(D2)	0.217						
暂住人口比例(D3)	0.214						
城市卫生技术人才储备水平(D4)	0.371	社会参与准备(C2)	0.602				
医院数量水平(D5)	0.105						
社会组织单位水平(D6)	0.248						
人身意外保险收入(D7)	0.215	安全感与安全文化(C3)	0.573				
城市商业保险收入(D8)	0.231						
工伤保险覆盖人员数(D9)	0.173						
土地开发强度(D10)	0.168	建筑工程(C4)	0.393	城市设施安全韧性(B2)	0.565		
安全薄弱区域用地面积比例(D11)	0.706						
建筑业企业从业人员数(D12)	0.060						
路网密度(D13)	0.216	交通设施(C5)	0.535				
城市交通照明设施水平(D14)	0.223						
移动电话普及率(D15)	0.645	生命线工程设施(C6)	0.319				
接入固定宽带家庭数(D16)	0.149						
燃气供应设施水平(D17)	0.102						
地震监测设施水平(D18)	0.030	监测预警设施(C7)	0.421				
气象灾害监测预报预警信息公众覆盖率(D19)	0.106						
城市智能化管网密度(D20)	0.138						
人均避难场所面积(D21)	0.566	应急保障设施(C8)	0.831				
每万人救灾储备机构库房建筑面积(D22)	0.615						
万人医疗卫生机构床位数(D23)	0.372						
绿化覆盖率(D24)	0.727						
每百万人口因灾死亡率(D25)	0.755	风险控制水平(C9)	0.388	城市管理安全韧性(B3)	0.780		
年因灾直接经济损失占地区生产总值的比例(D26)	0.431						
年受灾人数比例(D27)	0.150						
公共安全财政支出(D28)	0.398	支撑保障投入(C10)	0.689				
医疗卫生财政支出(D29)	0.278						
交通运输财政支出(D30)	0.376						

表 D-11　2019 年重庆市城市安全韧性突变值

三级指标	突变值	二级指标	突变值	一级指标	突变值	总目标	突变值
建成区常住人口密度(D1)	0.770	人口基本属性(C1)	0.753	城市人员安全韧性(B1)	0.884	城市安全韧性(A)	0.932
城镇职工基本医疗保险水平(D2)	0.338						
暂住人口比例(D3)	0.404						
城市卫生技术人才储备水平(D4)	0.112	社会参与准备(C2)	0.619				
医院数量水平(D5)	0.513						
社会组织单位水平(D6)	0.308						
人身意外保险收入(D7)	0.406	安全感与安全文化(C3)	0.726				
城市商业保险收入(D8)	0.394						
工伤保险覆盖人员数(D9)	0.424						
土地开发强度(D10)	0.984	建筑工程(C4)	0.837	城市设施安全韧性(B2)	0.735		
安全薄弱区域用地面积比例(D11)	0.523						
建筑业企业从业人员数(D12)	0.586						
路网密度(D13)	0.834	交通设施(C5)	0.797				
城市交通照明设施水平(D14)	0.317						
移动电话普及率(D15)	0.788	生命线工程设施(C6)	0.541				
接入固定宽带家庭数(D16)	0.427						
燃气供应设施水平(D17)	0.292						
地震监测设施水平(D18)	0.107	监测预警设施(C7)	0.723				
气象灾害监测预报预警信息公众覆盖率(D19)	0.467						
城市智能化管网密度(D20)	0.673						
人均避难场所面积(D21)	0.019	应急保障设施(C8)	0.449				
每万人救灾储备机构库房建筑面积(D22)	0.000						
万人医疗卫生机构床位数(D23)	0.218						
绿化覆盖率(D24)	0.877						
每百万人口因灾死亡率(D25)	0.860	风险控制水平(C9)	0.963	城市管理安全韧性(B3)	0.913		
年因灾直接经济损失占地区生产总值的比例(D26)	0.996						
年受灾人数比例(D27)	0.971						
公共安全财政支出(D28)	0.437	支撑保障投入(C10)	0.704				
医疗卫生财政支出(D29)	0.348						
交通运输财政支出(D30)	0.309						

表 D-12　2019 年四川省城市安全韧性突变值

三级指标	突变值	二级指标	突变值	一级指标	突变值	总目标	突变值
建成区常住人口密度(D1)	0.626	人口基本属性(C1)	0.900	城市人员安全韧性(B1)	0.957	城市安全韧性(A)	0.980
城镇职工基本医疗保险水平(D2)	0.909						
暂住人口比例(D3)	0.628						
城市卫生技术人才储备水平(D4)	0.126	社会参与准备(C2)	0.761				
医院数量水平(D5)	0.757						
社会组织单位水平(D6)	0.985						
人身意外保险收入(D7)	0.992	安全感与安全文化(C3)	0.970				
城市商业保险收入(D8)	0.974						
工伤保险覆盖人员数(D9)	0.790						
土地开发强度(D10)	0.554	建筑工程(C4)	0.744	城市设施安全韧性(B2)	0.929		
安全薄弱区域用地面积比例(D11)	0.594						
建筑业企业从业人员数(D12)	0.963						
路网密度(D13)	0.821	交通设施(C5)	0.896				
城市交通照明设施水平(D14)	0.697						
移动电话普及率(D15)	0.656	生命线工程设施(C6)	0.866				
接入固定宽带家庭数(D16)	0.904						
燃气供应设施水平(D17)	0.750						
地震监测设施水平(D18)	0.133	监测预警设施(C7)	0.822				
气象灾害监测预报预警信息公众覆盖率(D19)	0.682						
城市智能化管网密度(D20)	0.962						
人均避难场所面积(D21)	0.237	应急保障设施(C8)	0.649				
每万人救灾储备机构库房建筑面积(D22)	0.100						
万人医疗卫生机构床位数(D23)	0.201						
绿化覆盖率(D24)	0.877						
每百万人口因灾死亡率(D25)	0.491	风险控制水平(C9)	0.801	城市管理安全韧性(B3)	0.960		
年因灾直接经济损失占地区生产总值的比例(D26)	0.515						
年受灾人数比例(D27)	0.854						
公共安全财政支出(D28)	0.987	支撑保障投入(C10)	0.981				
医疗卫生财政支出(D29)	1.000						
交通运输财政支出(D30)	0.813						

表 D-13 2019年贵州省城市安全韧性突变值

三级指标	突变值	二级指标	突变值	一级指标	突变值	总目标	突变值
建成区常住人口密度(D1)	0.409	人口基本属性(C1)	0.717	城市人员安全韧性(B1)	0.856	城市安全韧性(A)	0.882
城镇职工基本医疗保险水平(D2)	0.199						
暂住人口比例(D3)	0.740						
城市卫生技术人才储备水平(D4)	0.119	社会参与准备(C2)	0.647				
医院数量水平(D5)	0.996						
社会组织单位水平(D6)	0.215						
人身意外保险收入(D7)	0.137	安全感与安全文化(C3)	0.557				
城市商业保险收入(D8)	0.193						
工伤保险覆盖人员数(D9)	0.244						
土地开发强度(D10)	0.552	建筑工程(C4)	0.591	城市设施安全韧性(B2)	0.525		
安全薄弱区域用地面积比例(D11)	0.584						
建筑业企业从业人员数(D12)	0.206						
路网密度(D13)	0.520	交通设施(C5)	0.673				
城市交通照明设施水平(D14)	0.243						
移动电话普及率(D15)	0.630	生命线工程设施(C6)	0.276				
接入固定宽带家庭数(D16)	0.320						
燃气供应设施水平(D17)	0.076						
地震监测设施水平(D18)	0.045	监测预警设施(C7)	0.777				
气象灾害监测预报预警信息公众覆盖率(D19)	0.967						
城市智能化管网密度(D20)	0.775						
人均避难场所面积(D21)	0.138	应急保障设施(C8)	0.633				
每万人救灾储备机构库房建筑面积(D22)	0.227						
万人医疗卫生机构床位数(D23)	0.162						
绿化覆盖率(D24)	0.649						
每百万人口因灾死亡率(D25)	0.305	风险控制水平(C9)	0.743	城市管理安全韧性(B3)	0.888		
年因灾直接经济损失占地区生产总值的比例(D26)	0.850						
年受灾人数比例(D27)	0.710						
公共安全财政支出(D28)	0.462	支撑保障投入(C10)	0.757				
医疗卫生财政支出(D29)	0.524						
交通运输财政支出(D30)	0.380						

表 D-14　2019 年云南省城市安全韧性突变值

三级指标	突变值	二级指标	突变值	一级指标	突变值	总目标	突变值
建成区常住人口密度(D1)	0.650	人口基本属性(C1)	0.770	城市人员安全韧性(B1)	0.888	城市安全韧性(A)	0.837
城镇职工基本医疗保险水平(D2)	0.234						
暂住人口比例(D3)	0.796						
城市卫生技术人才储备水平(D4)	0.427	社会参与准备(C2)	0.741				
医院数量水平(D5)	0.408						
社会组织单位水平(D6)	0.459						
人身意外保险收入(D7)	0.249	安全感与安全文化(C3)	0.636				
城市商业保险收入(D8)	0.312						
工伤保险覆盖人员数(D9)	0.266						
土地开发强度(D10)	0.188	建筑工程(C4)	0.434	城市设施安全韧性(B2)	0.527		
安全薄弱区域用地面积比例(D11)	0.908						
建筑业企业从业人员数(D12)	0.378						
路网密度(D13)	0.262	交通设施(C5)	0.568				
城市交通照明设施水平(D14)	0.242						
移动电话普及率(D15)	0.319	生命线工程设施(C6)	0.278				
接入固定宽带家庭数(D16)	0.355						
燃气供应设施水平(D17)	0.077						
地震监测设施水平(D18)	0.329	监测预警设施(C7)	0.728				
气象灾害监测预报预警信息公众覆盖率(D19)	0.323						
城市智能化管网密度(D20)	0.550						
人均避难场所面积(D21)	0.273	应急保障设施(C8)	0.686				
每万人救灾储备机构库房建筑面积(D22)	0.141						
万人医疗卫生机构床位数(D23)	0.363						
绿化覆盖率(D24)	0.678						
每百万人口因灾死亡率(D25)	0.457	风险控制水平(C9)	0.000	城市管理安全韧性(B3)	0.462		
年因灾直接经济损失占地区生产总值的比例(D26)	0.733						
年受灾人数比例(D27)	0.000						
公共安全财政支出(D28)	0.681	支撑保障投入(C10)	0.855				
医疗卫生财政支出(D29)	0.610						
交通运输财政支出(D30)	0.628						

表 D-15 2019 年陕西省城市安全韧性突变值

三级指标	突变值	二级指标	突变值	一级指标	突变值	总目标	突变值
建成区常住人口密度(D1)	0.939	人口基本属性(C1)	0.850	城市人员安全韧性(B1)	0.918	城市安全韧性(A)	0.930
城镇职工基本医疗保险水平(D2)	0.334						
暂住人口比例(D3)	0.965						
城市卫生技术人才储备水平(D4)	0.231	社会参与准备(C2)	0.739				
医院数量水平(D5)	0.602						
社会组织单位水平(D6)	0.630						
人身意外保险收入(D7)	0.481	安全感与安全文化(C3)	0.739				
城市商业保险收入(D8)	0.449						
工伤保险覆盖人员数(D9)	0.364						
土地开发强度(D10)	0.240	建筑工程(C4)	0.490	城市设施安全韧性(B2)	0.717		
安全薄弱区域用地面积比例(D11)	0.783						
建筑业企业从业人员数(D12)	0.388						
路网密度(D13)	0.640	交通设施(C5)	0.749				
城市交通照明设施水平(D14)	0.341						
移动电话普及率(D15)	0.841	生命线工程设施(C6)	0.513				
接入固定宽带家庭数(D16)	0.405						
燃气供应设施水平(D17)	0.264						
地震监测设施水平(D18)	0.194	监测预警设施(C7)	0.729				
气象灾害监测预报预警信息公众覆盖率(D19)	0.324						
城市智能化管网密度(D20)	0.702						
人均避难场所面积(D21)	0.359	应急保障设施(C8)	0.640				
每万人救灾储备机构库房建筑面积(D22)	0.075						
万人医疗卫生机构床位数(D23)	0.151						
绿化覆盖率(D24)	0.640						
每百万人口因灾死亡率(D25)	0.651	风险控制水平(C9)	0.794	城市管理安全韧性(B3)	0.890		
年因灾直接经济损失占地区生产总值的比例(D26)	0.889						
年受灾人数比例(D27)	0.630						
公共安全财政支出(D28)	0.474	支撑保障投入(C10)	0.730				
医疗卫生财政支出(D29)	0.445						
交通运输财政支出(D30)	0.299						

附录D 2017年、2019年、2021年西部各地区突变级数值

表 D-16　2019 年甘肃省城市安全韧性突变值

三级指标	突变值	二级指标	突变值	一级指标	突变值	总目标	突变值
建成区常住人口密度(D1)	0.361	人口基本属性(C1)	0.658	城市人员安全韧性(B1)	0.834	城市安全韧性(A)	0.635
城镇职工基本医疗保险水平(D2)	0.135						
暂住人口比例(D3)	0.572						
城市卫生技术人才储备水平(D4)	0.175	社会参与准备(C2)	0.622				
医院数量水平(D5)	0.194						
社会组织单位水平(D6)	0.484						
人身意外保险收入(D7)	0.162	安全感与安全文化(C3)	0.517				
城市商业保险收入(D8)	0.171						
工伤保险覆盖人员数(D9)	0.127						
土地开发强度(D10)	0.107	建筑工程(C4)	0.000	城市设施安全韧性(B2)	0.000		
安全薄弱区域用地面积比例(D11)	0.000						
建筑业企业从业人员数(D12)	0.125						
路网密度(D13)	0.209	交通设施(C5)	0.468				
城市交通照明设施水平(D14)	0.110						
移动电话普及率(D15)	0.421	生命线工程设施(C6)	0.147				
接入固定宽带家庭数(D16)	0.232						
燃气供应设施水平(D17)	0.022						
地震监测设施水平(D18)	0.111	监测预警设施(C7)	0.538				
气象灾害监测预报预警信息公众覆盖率(D19)	0.181						
城市智能化管网密度(D20)	0.223						
人均避难场所面积(D21)	0.412	应急保障设施(C8)	0.742				
每万人救灾储备机构库房建筑面积(D22)	0.558						
万人医疗卫生机构床位数(D23)	0.244						
绿化覆盖率(D24)	0.327						
每百万人口因灾死亡率(D25)	0.677	风险控制水平(C9)	0.774	城市管理安全韧性(B3)	0.864		
年因灾直接经济损失占地区生产总值的比例(D26)	0.664						
年受灾人数比例(D27)	0.599						
公共安全财政支出(D28)	0.272	支撑保障投入(C10)	0.657				
医疗卫生财政支出(D29)	0.282						
交通运输财政支出(D30)	0.396						

表 D-17　2019 年青海省城市安全韧性突变值

三级指标	突变值	二级指标	突变值	一级指标	突变值	总目标	突变值
建成区常住人口密度(D1)	0.915	人口基本属性(C1)	0.666	城市人员安全韧性(B1)	0.718	城市安全韧性（A）	0.608
城镇职工基本医疗保险水平(D2)	0.005						
暂住人口比例(D3)	0.853						
城市卫生技术人才储备水平(D4)	0.392	社会参与准备(C2)	0.348				
医院数量水平(D5)	0.000						
社会组织单位水平(D6)	0.025						
人身意外保险收入(D7)	0.006	安全感与安全文化(C3)	0.186				
城市商业保险收入(D8)	0.009						
工伤保险覆盖人员数(D9)	0.006						
土地开发强度(D10)	0.000	建筑工程(C4)	0.000	城市设施安全韧性(B2)	0.000		
安全薄弱区域用地面积比例(D11)	0.832						
建筑业企业从业人员数(D12)	0.006						
路网密度(D13)	0.004	交通设施(C5)	0.131				
城市交通照明设施水平(D14)	0.007						
移动电话普及率(D15)	0.602	生命线工程设施(C6)	0.059				
接入固定宽带家庭数(D16)	0.013						
燃气供应设施水平(D17)	0.004						
地震监测设施水平(D18)	0.000	监测预警设施(C7)	0.064				
气象灾害监测预报预警信息公众覆盖率(D19)	0.001						
城市智能化管网密度(D20)	0.010						
人均避难场所面积(D21)	0.652	应急保障设施(C8)	0.837				
每万人救灾储备机构库房建筑面积(D22)	1.000						
万人医疗卫生机构床位数(D23)	0.376						
绿化覆盖率(D24)	0.251						
每百万人口因灾死亡率(D25)	0.484	风险控制水平(C9)	0.592	城市管理安全韧性(B3)	0.747		
年因灾直接经济损失占地区生产总值的比例(D26)	0.698						
年受灾人数比例(D27)	0.350						
公共安全财政支出(D28)	0.055	支撑保障投入(C10)	0.428				
医疗卫生财政支出(D29)	0.074						
交通运输财政支出(D30)	0.157						

表 D-18　2019 年宁夏回族自治区城市安全韧性突变值

三级指标	突变值	二级指标	突变值	一级指标	突变值	总目标	突变值
建成区常住人口密度(D1)	0.000	人口基本属性(C1)	0.288	城市人员安全韧性(B1)	0.693	城市安全韧性(A)	0.843
城镇职工基本医疗保险水平(D2)	0.025						
暂住人口比例(D3)	0.348						
城市卫生技术人才储备水平(D4)	0.238	社会参与准备(C2)	0.494				
医院数量水平(D5)	0.244						
社会组织单位水平(D6)	0.025						
人身意外保险收入(D7)	0.052	安全感与安全文化(C3)	0.350				
城市商业保险收入(D8)	0.055						
工伤保险覆盖人员数(D9)	0.039						
土地开发强度(D10)	0.223	建筑工程(C4)	0.244	城市设施安全韧性(B2)	0.503		
安全薄弱区域用地面积比例(D11)	0.985						
建筑业企业从业人员数(D12)	0.015						
路网密度(D13)	0.550	交通设施(C5)	0.558				
城市交通照明设施水平(D14)	0.053						
移动电话普及率(D15)	0.828	生命线工程设施(C6)	0.253				
接入固定宽带家庭数(D16)	0.052						
燃气供应设施水平(D17)	0.064						
地震监测设施水平(D18)	0.056	监测预警设施(C7)	0.579				
气象灾害监测预报预警信息公众覆盖率(D19)	0.435						
城市智能化管网密度(D20)	0.243						
人均避难场所面积(D21)	1.000	应急保障设施(C8)	0.838				
每万人救灾储备机构库房建筑面积(D22)	0.466						
万人医疗卫生机构床位数(D23)	0.141						
绿化覆盖率(D24)	0.829						
每百万人口因灾死亡率(D25)	0.884	风险控制水平(C9)	0.970	城市管理安全韧性(B3)	0.760		
年因灾直接经济损失占地区生产总值的比例(D26)	1.000						
年受灾人数比例(D27)	1.000						
公共安全财政支出(D28)	0.006	支撑保障投入(C10)	0.282				
医疗卫生财政支出(D29)	0.026						
交通运输财政支出(D30)	0.050						

表 D-19　2019 年广西壮族自治区城市安全韧性突变值

三级指标	突变值	二级指标	突变值	一级指标	突变值	总目标	突变值
建成区常住人口密度(D1)	0.337	人口基本属性(C1)	0.725	城市人员安全韧性(B1)	0.865	城市安全韧性(A)	0.887
城镇职工基本医疗保险水平(D2)	0.284						
暂住人口比例(D3)	0.684						
城市卫生技术人才储备水平(D4)	0.119	社会参与准备(C2)	0.619				
医院数量水平(D5)	0.236						
社会组织单位水平(D6)	0.545						
人身意外保险收入(D7)	0.251	安全感与安全文化(C3)	0.626				
城市商业保险收入(D8)	0.275						
工伤保险覆盖人员数(D9)	0.268						
土地开发强度(D10)	0.449	建筑工程(C4)	0.670	城市设施安全韧性(B2)	0.540		
安全薄弱区域用地面积比例(D11)	0.713						
建筑业企业从业人员数(D12)	0.379						
路网密度(D13)	0.612	交通设施(C5)	0.709				
城市交通照明设施水平(D14)	0.257						
移动电话普及率(D15)	0.407	生命线工程设施(C6)	0.292				
接入固定宽带家庭数(D16)	0.388						
燃气供应设施水平(D17)	0.085						
地震监测设施水平(D18)	0.116	监测预警设施(C7)	0.691				
气象灾害监测预报预警信息公众覆盖率(D19)	0.361						
城市智能化管网密度(D20)	0.603						
人均避难场所面积(D21)	0.297	应急保障设施(C8)	0.594				
每万人救灾储备机构库房建筑面积(D22)	0.117						
万人医疗卫生机构床位数(D23)	0.023						
绿化覆盖率(D24)	0.782						
每百万人口因灾死亡率(D25)	0.426	风险控制水平(C9)	0.808	城市管理安全韧性(B3)	0.897		
年因灾直接经济损失占地区生产总值的比例(D26)	0.708						
年受灾人数比例(D27)	0.794						
公共安全财政支出(D28)	0.530	支撑保障投入(C10)	0.745				
医疗卫生财政支出(D29)	0.560						
交通运输财政支出(D30)	0.217						

表 D-20　2019年内蒙古自治区城市安全韧性突变值

三级指标	突变值	二级指标	突变值	一级指标	突变值	总目标	突变值
建成区常住人口密度(D1)	0.169	人口基本属性(C1)	0.563	城市人员安全韧性(B1)	0.834	城市安全韧性(A)	0.889
城镇职工基本医疗保险水平(D2)	0.236						
暂住人口比例(D3)	0.179						
城市卫生技术人才储备水平(D4)	0.469	社会参与准备(C2)	0.645				
医院数量水平(D5)	0.117						
社会组织单位水平(D6)	0.295						
人身意外保险收入(D7)	0.294	安全感与安全文化(C3)	0.623				
城市商业保险收入(D8)	0.306						
工伤保险覆盖人员数(D9)	0.194						
土地开发强度(D10)	0.174	建筑工程(C4)	0.343	城市设施安全韧性(B2)	0.573		
安全薄弱区域用地面积比例(D11)	0.762						
建筑业企业从业人员数(D12)	0.040						
路网密度(D13)	0.216	交通设施(C5)	0.534				
城市交通照明设施水平(D14)	0.219						
移动电话普及率(D15)	0.811	生命线工程设施(C6)	0.329				
接入固定宽带家庭数(D16)	0.256						
燃气供应设施水平(D17)	0.108						
地震监测设施水平(D18)	0.030	监测预警设施(C7)	0.440				
气象灾害监测预报预警信息公众覆盖率(D19)	0.103						
城市智能化管网密度(D20)	0.192						
人均避难场所面积(D21)	0.550	应急保障设施(C8)	0.843				
每万人救灾储备机构库房建筑面积(D22)	0.653						
万人医疗卫生机构床位数(D23)	0.450						
绿化覆盖率(D24)	0.754						
每百万人口因灾死亡率(D25)	0.893	风险控制水平(C9)	0.806	城市管理安全韧性(B3)	0.884		
年因灾直接经济损失占地区生产总值的比例(D26)	0.856						
年受灾人数比例(D27)	0.649						
公共安全财政支出(D28)	0.396	支撑保障投入(C10)	0.700				
医疗卫生财政支出(D29)	0.277						
交通运输财政支出(D30)	0.451						

表 D-21　2021 年重庆市城市安全韧性突变值

三级指标	突变值	二级指标	突变值	一级指标	突变值	总目标	突变值
建成区常住人口密度(D1)	0.828	人口基本属性(C1)	0.791	城市人员安全韧性(B1)	0.882	城市安全韧性(A)	0.933
城镇职工基本医疗保险水平(D2)	0.379						
暂住人口比例(D3)	0.519						
城市卫生技术人才储备水平(D4)	0.000	社会参与准备(C2)	0.514				
医院数量水平(D5)	0.520						
社会组织单位水平(D6)	0.333						
人身意外保险收入(D7)	0.440	安全感与安全文化(C3)	0.751				
城市商业保险收入(D8)	0.417						
工伤保险覆盖人员数(D9)	0.498						
土地开发强度(D10)	1.000	建筑工程(C4)	0.781	城市设施安全韧性(B2)	0.741		
安全薄弱区域用地面积比例(D11)	0.373						
建筑业企业从业人员数(D12)	0.556						
路网密度(D13)	0.996	交通设施(C5)	0.860				
城市交通照明设施水平(D14)	0.377						
移动电话普及率(D15)	0.762	生命线工程设施(C6)	0.549				
接入固定宽带家庭数(D16)	0.460						
燃气供应设施水平(D17)	0.301						
地震监测设施水平(D18)	0.132	监测预警设施(C7)	0.757				
气象灾害监测预报预警信息公众覆盖率(D19)	0.467						
城市智能化管网密度(D20)	0.799						
人均避难场所面积(D21)	0.012	应急保障设施(C8)	0.477				
每万人救灾储备机构库房建筑面积(D22)	0.026						
万人医疗卫生机构床位数(D23)	0.067						
绿化覆盖率(D24)	0.953						
每百万人口因灾死亡率(D25)	0.904	风险控制水平(C9)	0.975	城市管理安全韧性(B3)	0.918		
年因灾直接经济损失占地区生产总值的比例(D26)	0.978						
年受灾人数比例(D27)	0.979						
公共安全财政支出(D28)	0.447	支撑保障投入(C10)	0.713				
医疗卫生财政支出(D29)	0.400						
交通运输财政支出(D30)	0.290						

表 D-22　2021 年四川省城市安全韧性突变值

三级指标	突变值	二级指标	突变值	一级指标	突变值	总目标	突变值
建成区常住人口密度(D1)	0.690	人口基本属性(C1)	0.884	城市人员安全韧性(B1)	0.959	城市安全韧性(A)	0.981
城镇职工基本医疗保险水平(D2)	1.000						
暂住人口比例(D3)	0.405						
城市卫生技术人才储备水平(D4)	0.161	社会参与准备(C2)	0.774				
医院数量水平(D5)	0.716						
社会组织单位水平(D6)	1.000						
人身意外保险收入(D7)	1.000	安全感与安全文化(C3)	1.000				
城市商业保险收入(D8)	1.000						
工伤保险覆盖人员数(D9)	1.000						
土地开发强度(D10)	0.553	建筑工程(C4)	0.743	城市设施安全韧性(B2)	0.929		
安全薄弱区域用地面积比例(D11)	0.592						
建筑业企业从业人员数(D12)	1.000						
路网密度(D13)	1.000	交通设施(C5)	1.000				
城市交通照明设施水平(D14)	1.000						
移动电话普及率(D15)	0.624	生命线工程设施(C6)	0.889				
接入固定宽带家庭数(D16)	1.000						
燃气供应设施水平(D17)	1.000						
地震监测设施水平(D18)	0.508	监测预警设施(C7)	0.908				
气象灾害监测预报预警信息公众覆盖率(D19)	0.678						
城市智能化管网密度(D20)	1.000						
人均避难场所面积(D21)	0.232	应急保障设施(C8)	0.660				
每万人救灾储备机构库房建筑面积(D22)	0.111						
万人医疗卫生机构床位数(D23)	0.210						
绿化覆盖率(D24)	1.000						
每百万人口因灾死亡率(D25)	0.909	风险控制水平(C9)	0.880	城市管理安全韧性(B3)	0.968		
年因灾直接经济损失占地区生产总值的比例(D26)	0.716						
年受灾人数比例(D27)	0.775						
公共安全财政支出(D28)	1.000	支撑保障投入(C10)	0.954				
医疗卫生财政支出(D29)	0.737						
交通运输财政支出(D30)	0.847						

表 D-23 2021年贵州省城市安全韧性突变值

三级指标	突变值	二级指标	突变值	一级指标	突变值	总目标	突变值
建成区常住人口密度(D1)	0.365	人口基本属性(C1)	0.712	城市人员安全韧性(B1)	0.862	城市安全韧性(A)	0.893
城镇职工基本医疗保险水平(D2)	0.208						
暂住人口比例(D3)	0.737						
城市卫生技术人才储备水平(D4)	0.175	社会参与准备(C2)	0.674				
医院数量水平(D5)	0.931						
社会组织单位水平(D6)	0.239						
人身意外保险收入(D7)	0.147	安全感与安全文化(C3)	0.584				
城市商业保险收入(D8)	0.196						
工伤保险覆盖人员数(D9)	0.331						
土地开发强度(D10)	0.529	建筑工程(C4)	0.568	城市设施安全韧性(B2)	0.570		
安全薄弱区域用地面积比例(D11)	0.773						
建筑业企业从业人员数(D12)	0.183						
路网密度(D13)	0.778	交通设施(C5)	0.790				
城市交通照明设施水平(D14)	0.339						
移动电话普及率(D15)	0.605	生命线工程设施(C6)	0.324				
接入固定宽带家庭数(D16)	0.372						
燃气供应设施水平(D17)	0.105						
地震监测设施水平(D18)	0.056	监测预警设施(C7)	0.760				
气象灾害监测预报预警信息公众覆盖率(D19)	0.747						
城市智能化管网密度(D20)	0.786						
人均避难场所面积(D21)	0.088	应急保障设施(C8)	0.611				
每万人救灾储备机构库房建筑面积(D22)	0.104						
万人医疗卫生机构床位数(D23)	0.243						
绿化覆盖率(D24)	0.877						
每百万人口因灾死亡率(D25)	0.960	风险控制水平(C9)	0.890	城市管理安全韧性(B3)	0.893		
年因灾直接经济损失占地区生产总值的比例(D26)	0.943						
年受灾人数比例(D27)	0.792						
公共安全财政支出(D28)	0.449	支撑保障投入(C10)	0.680				
医疗卫生财政支出(D29)	0.294						
交通运输财政支出(D30)	0.249						

表 D-24　2021 年云南省城市安全韧性突变值

三级指标	突变值	二级指标	突变值	一级指标	突变值	总目标	突变值
建成区常住人口密度(D1)	0.375	人口基本属性(C1)	0.734	城市人员安全韧性(B1)	0.878	城市安全韧性(A)	0.891
城镇职工基本医疗保险水平(D2)	0.257						
暂住人口比例(D3)	0.757						
城市卫生技术人才储备水平(D4)	0.301	社会参与准备(C2)	0.701				
医院数量水平(D5)	0.395						
社会组织单位水平(D6)	0.443						
人身意外保险收入(D7)	0.238	安全感与安全文化(C3)	0.644				
城市商业保险收入(D8)	0.287						
工伤保险覆盖人员数(D9)	0.339						
土地开发强度(D10)	0.184	建筑工程(C4)	0.429	城市设施安全韧性(B2)	0.566		
安全薄弱区域用地面积比例(D11)	0.891						
建筑业企业从业人员数(D12)	0.318						
路网密度(D13)	0.312	交通设施(C5)	0.618				
城市交通照明设施水平(D14)	0.310						
移动电话普及率(D15)	0.518	生命线工程设施(C6)	0.321				
接入固定宽带家庭数(D16)	0.463						
燃气供应设施水平(D17)	0.103						
地震监测设施水平(D18)	1.000	监测预警设施(C7)	0.825				
气象灾害监测预报预警信息公众覆盖率(D19)	0.322						
城市智能化管网密度(D20)	0.625						
人均避难场所面积(D21)	0.205	应急保障设施(C8)	0.669				
每万人救灾储备机构库房建筑面积(D22)	0.179						
万人医疗卫生机构床位数(D23)	0.203						
绿化覆盖率(D24)	0.943						
每百万人口因灾死亡率(D25)	0.719	风险控制水平(C9)	0.471	城市管理安全韧性(B3)	0.859		
年因灾直接经济损失占地区生产总值的比例(D26)	0.772						
年受灾人数比例(D27)	0.222						
公共安全财政支出(D28)	0.666	支撑保障投入(C10)	0.882				
医疗卫生财政支出(D29)	0.602						
交通运输财政支出(D30)	0.945						

表 D-25　2021年陕西省城市安全韧性突变值

三级指标	突变值	二级指标	突变值	一级指标	突变值	总目标	突变值
建成区常住人口密度(D1)	0.872	人口基本属性(C1)	0.843	城市人员安全韧性(B1)	0.916	城市安全韧性(A)	0.938
城镇职工基本医疗保险水平(D2)	0.373						
暂住人口比例(D3)	0.865						
城市卫生技术人才储备水平(D4)	0.175	社会参与准备(C2)	0.720				
医院数量水平(D5)	0.591						
社会组织单位水平(D6)	0.646						
人身意外保险收入(D7)	0.469	安全感与安全文化(C3)	0.747				
城市商业保险收入(D8)	0.458						
工伤保险覆盖人员数(D9)	0.401						
土地开发强度(D10)	0.242	建筑工程(C4)	0.492	城市设施安全韧性(B2)	0.776		
安全薄弱区域用地面积比例(D11)	0.914						
建筑业企业从业人员数(D12)	0.345						
路网密度(D13)	0.701	交通设施(C5)	0.773				
城市交通照明设施水平(D14)	0.355						
移动电话普及率(D15)	0.870	生命线工程设施(C6)	0.602				
接入固定宽带家庭数(D16)	0.581						
燃气供应设施水平(D17)	0.362						
地震监测设施水平(D18)	0.485	监测预警设施(C7)	0.813				
气象灾害监测预报预警信息公众覆盖率(D19)	0.380						
城市智能化管网密度(D20)	0.772						
人均避难场所面积(D21)	0.279	应急保障设施(C8)	0.629				
每万人救灾储备机构库房建筑面积(D22)	0.048						
万人医疗卫生机构床位数(D23)	0.179						
绿化覆盖率(D24)	0.877						
每百万人口因灾死亡率(D25)	0.650	风险控制水平(C9)	0.562	城市管理安全韧性(B3)	0.855		
年因灾直接经济损失占地区生产总值的比例(D26)	0.271						
年受灾人数比例(D27)	0.315						
公共安全财政支出(D28)	0.482	支撑保障投入(C10)	0.783				
医疗卫生财政支出(D29)	0.281						
交通运输财政支出(D30)	1.000						

附录D 2017年、2019年、2021年西部各地区突变级数值

表 D-26　2021 年甘肃省城市安全韧性突变值

三级指标	突变值	二级指标	突变值	一级指标	突变值	总目标	突变值
建成区常住人口密度(D1)	0.264	人口基本属性(C1)	0.605	城市人员安全韧性(B1)	0.829	城市安全韧性(A)	0.845
城镇职工基本医疗保险水平(D2)	0.150						
暂住人口比例(D3)	0.360						
城市卫生技术人才储备水平(D4)	0.238	社会参与准备(C2)	0.629				
医院数量水平(D5)	0.187						
社会组织单位水平(D6)	0.407						
人身意外保险收入(D7)	0.195	安全感与安全文化(C3)	0.546				
城市商业保险收入(D8)	0.193						
工伤保险覆盖人员数(D9)	0.152						
土地开发强度(D10)	0.108	建筑工程(C4)	0.329	城市设施安全韧性(B2)	0.425		
安全薄弱区域用地面积比例(D11)	0.077						
建筑业企业从业人员数(D12)	0.112						
路网密度(D13)	0.256	交通设施(C5)	0.518				
城市交通照明设施水平(D14)	0.149						
移动电话普及率(D15)	0.589	生命线工程设施(C6)	0.180				
接入固定宽带家庭数(D16)	0.291						
燃气供应设施水平(D17)	0.033						
地震监测设施水平(D18)	0.582	监测预警设施(C7)	0.646				
气象灾害监测预报预警信息公众覆盖率(D19)	0.167						
城市智能化管网密度(D20)	0.264						
人均避难场所面积(D21)	0.438	应急保障设施(C8)	0.743				
每万人救灾储备机构库房建筑面积(D22)	0.573						
万人医疗卫生机构床位数(D23)	0.199						
绿化覆盖率(D24)	0.355						
每百万人口因灾死亡率(D25)	0.985	风险控制水平(C9)	0.486	城市管理安全韧性(B3)	0.797		
年因灾直接经济损失占地区生产总值的比例(D26)	0.572						
年受灾人数比例(D27)	0.236						
公共安全财政支出(D28)	0.277	支撑保障投入(C10)	0.652				
医疗卫生财政支出(D29)	0.236						
交通运输财政支出(D30)	0.433						

表 D-27 2021 年青海省城市安全韧性突变值

三级指标	突变值	二级指标	突变值	一级指标	突变值	总目标	突变值
建成区常住人口密度(D1)	0.741	人口基本属性(C1)	0.674	城市人员安全韧性(B1)	0.723	城市安全韧性(A)	0.594
城镇职工基本医疗保险水平(D2)	0.011						
暂住人口比例(D3)	0.961						
城市卫生技术人才储备水平(D4)	0.336	社会参与准备(C2)	0.288				
医院数量水平(D5)	0.000						
社会组织单位水平(D6)	0.023						
人身意外保险收入(D7)	0.009	安全感与安全文化(C3)	0.235				
城市商业保险收入(D8)	0.013						
工伤保险覆盖人员数(D9)	0.022						
土地开发强度(D10)	0.001	建筑工程(C4)	0.000	城市设施安全韧性(B2)	0.000		
安全薄弱区域用地面积比例(D11)	0.821						
建筑业企业从业人员数(D12)	0.000						
路网密度(D13)	0.006	交通设施(C5)	0.149				
城市交通照明设施水平(D14)	0.011						
移动电话普及率(D15)	0.704	生命线工程设施(C6)	0.182				
接入固定宽带家庭数(D16)	0.024						
燃气供应设施水平(D17)	0.033						
地震监测设施水平(D18)	0.046	监测预警设施(C7)	0.225				
气象灾害监测预报预警信息公众覆盖率(D19)	0.001						
城市智能化管网密度(D20)	0.014						
人均避难场所面积(D21)	0.535	应急保障设施(C8)	0.747				
每万人救灾储备机构库房建筑面积(D22)	0.550						
万人医疗卫生机构床位数(D23)	0.243						
绿化覆盖率(D24)	0.213						
每百万人口因灾死亡率(D25)	0.418	风险控制水平(C9)	0.367	城市管理安全韧性(B3)	0.608		
年因灾直接经济损失占地区生产总值的比例(D26)	0.049						
年受灾人数比例(D27)	0.757						
公共安全财政支出(D28)	0.064	支撑保障投入(C10)	0.250				
医疗卫生财政支出(D29)	0.122						
交通运输财政支出(D30)	0.000						

表 D-28　2021 年宁夏回族自治区城市安全韧性突变值

三级指标	突变值	二级指标	突变值	一级指标	突变值	总目标	突变值
建成区常住人口密度(D1)	0.014	人口基本属性(C1)	0.451	城市人员安全韧性(B1)	0.726	城市安全韧性(A)	0.841
城镇职工基本医疗保险水平(D2)	0.035						
暂住人口比例(D3)	0.547						
城市卫生技术人才储备水平(D4)	0.189	社会参与准备(C2)	0.378				
医院数量水平(D5)	0.240						
社会组织单位水平(D6)	0.000						
人身意外保险收入(D7)	0.062	安全感与安全文化(C3)	0.377				
城市商业保险收入(D8)	0.062						
工伤保险覆盖人员数(D9)	0.056						
土地开发强度(D10)	0.228	建筑工程(C4)	0.242	城市设施安全韧性(B2)	0.519		
安全薄弱区域用地面积比例(D11)	1.000						
建筑业企业从业人员数(D12)	0.014						
路网密度(D13)	0.602	交通设施(C5)	0.581				
城市交通照明设施水平(D14)	0.057						
移动电话普及率(D15)	0.834	生命线工程设施(C6)	0.270				
接入固定宽带家庭数(D16)	0.074						
燃气供应设施水平(D17)	0.073						
地震监测设施水平(D18)	0.455	监测预警设施(C7)	0.712				
气象灾害监测预报预警信息公众覆盖率(D19)	0.439						
城市智能化管网密度(D20)	0.309						
人均避难场所面积(D21)	0.849	应急保障设施(C8)	0.726				
每万人救灾储备机构库房建筑面积(D22)	0.177						
万人医疗卫生机构床位数(D23)	0.039						
绿化覆盖率(D24)	0.896						
每百万人口因灾死亡率(D25)	0.939	风险控制水平(C9)	0.702	城市管理安全韧性(B3)	0.662		
年因灾直接经济损失占地区生产总值的比例(D26)	0.834						
年受灾人数比例(D27)	0.493						
公共安全财政支出(D28)	0.000	支撑保障投入(C10)	0.190				
医疗卫生财政支出(D29)	0.000						
交通运输财政支出(D30)	0.105						

表 D-29 2021 年广西壮族自治区城市安全韧性突变值

三级指标	突变值	二级指标	突变值	一级指标	突变值	总目标	突变值
建成区常住人口密度(D1)	0.366	人口基本属性(C1)	0.743	城市人员安全韧性(B1)	0.880	城市安全韧性(A)	0.907
城镇职工基本医疗保险水平(D2)	0.335						
暂住人口比例(D3)	0.661						
城市卫生技术人才储备水平(D4)	0.182	社会参与准备(C2)	0.660				
医院数量水平(D5)	0.253						
社会组织单位水平(D6)	0.603						
人身意外保险收入(D7)	0.308	安全感与安全文化(C3)	0.674				
城市商业保险收入(D8)	0.330						
工伤保险覆盖人员数(D9)	0.346						
土地开发强度(D10)	0.363	建筑工程(C4)	0.602	城市设施安全韧性(B2)	0.619		
安全薄弱区域用地面积比例(D11)	0.684						
建筑业企业从业人员数(D12)	0.314						
路网密度(D13)	0.659	交通设施(C5)	0.756				
城市交通照明设施水平(D14)	0.344						
移动电话普及率(D15)	0.567	生命线工程设施(C6)	0.383				
接入固定宽带家庭数(D16)	0.492						
燃气供应设施水平(D17)	0.147						
地震监测设施水平(D18)	0.179	监测预警设施(C7)	0.740				
气象灾害监测预报预警信息公众覆盖率(D19)	0.346						
城市智能化管网密度(D20)	0.753						
人均避难场所面积(D21)	0.318	应急保障设施(C8)	0.636				
每万人救灾储备机构库房建筑面积(D22)	0.118						
万人医疗卫生机构床位数(D23)	0.093						
绿化覆盖率(D24)	0.725						
每百万人口因灾死亡率(D25)	0.965	风险控制水平(C9)	0.944	城市管理安全韧性(B3)	0.907		
年因灾直接经济损失占地区生产总值的比例(D26)	0.989						
年受灾人数比例(D27)	0.892						
公共安全财政支出(D28)	0.480	支撑保障投入(C10)	0.692				
医疗卫生财政支出(D29)	0.292						
交通运输财政支出(D30)	0.270						

附录D 2017年、2019年、2021年西部各地区突变级数值　187

表 D-30　2021 年内蒙古自治区城市安全韧性突变值

三级指标	突变值	二级指标	突变值	一级指标	突变值	总目标	突变值
建成区常住人口密度(D1)	0.185	人口基本属性(C1)	0.387	城市人员安全韧性(B1)	0.781	城市安全韧性(A)	0.887
城镇职工基本医疗保险水平(D2)	0.254						
暂住人口比例(D3)	0.000						
城市卫生技术人才储备水平(D4)	0.273	社会参与准备(C2)	0.594				
医院数量水平(D5)	0.120						
社会组织单位水平(D6)	0.302						
人身意外保险收入(D7)	0.246	安全感与安全文化(C3)	0.600				
城市商业保险收入(D8)	0.266						
工伤保险覆盖人员数(D9)	0.194						
土地开发强度(D10)	0.154	建筑工程(C4)	0.298	城市设施安全韧性(B2)	0.603		
安全薄弱区域用地面积比例(D11)	0.964						
建筑业企业从业人员数(D12)	0.026						
路网密度(D13)	0.233	交通设施(C5)	0.553				
城市交通照明设施水平(D14)	0.241						
移动电话普及率(D15)	1.000	生命线工程设施(C6)	0.363				
接入固定宽带家庭数(D16)	0.312						
燃气供应设施水平(D17)	0.132						
地震监测设施水平(D18)	0.094	监测预警设施(C7)	0.505				
气象灾害监测预报预警信息公众覆盖率(D19)	0.107						
城市智能化管网密度(D20)	0.237						
人均避难场所面积(D21)	0.775	应急保障设施(C8)	0.824				
每万人救灾储备机构库房建筑面积(D22)	0.427						
万人医疗卫生机构床位数(D23)	0.221						
绿化覆盖率(D24)	0.896						
每百万人口因灾死亡率(D25)	0.664	风险控制水平(C9)	0.765	城市管理安全韧性(B3)	0.865		
年因灾直接经济损失占地区生产总值的比例(D26)	0.782						
年受灾人数比例(D27)	0.585						
公共安全财政支出(D28)	0.397	支撑保障投入(C10)	0.666				
医疗卫生财政支出(D29)	0.305						
交通运输财政支出(D30)	0.233						

参 考 文 献

[1] PASKALEVA K A. Enabling the smart city：the progress of city e-governance in Europe [J]. Innovation and regional development. 2009，1（4）：405-422.

[2] 赵赏，孙彩歌. 数字城市研究综述 [J]. 地理空间信息，2011，9（06）：60-62，65，3.

[3] 傅崇兰，白晨曦，曹文明，等. 中国城市发展史 [M]. 北京：社会科学文献出版社，2009.

[4] 何一民. 中国城市史 [M]. 武汉：武汉大学出版社，2012.

[5] 王媛玉. 产业集聚与城市规模演进研究 [D]. 长春：吉林大学，2019.

[6] 何一民，何永之. 从跟随者到领跑者：新中国城市发展的成就与经验回眸 [J]. 福建论坛（人文社会科学版），2022（07）：28-45.

[7] 唐斯斯，张延强，单志广，等. 我国新型智慧城市发展现状、形势与政策建议 [J]. 电子政务，2020（04）：70-80.

[8] 张佳慧. "以人民为中心"视角下新型智慧城市建设的实践探索与思考——以嘉兴市为例 [J]. 未来与发展，2021，45（12）：20-29.

[9] United Nations ISDR. Living With Risk：A Global Review of Disaster Reduction Initiatives（preliminary version）[M]. Geneva：UN ISDR，2002.

[10] 尹占娥. 城市自然灾害风险评估与实证研究 [D]. 上海：华东师范大学，2009.

[11] 张永民. 解读智慧地球与智慧城市 [J]. 中国信息界，2010（10）：23-29.

[12] 张小娟. 智慧城市系统的要素、结构及模型研究 [D]. 广州：华南理工大学，2015.

[13] 张永民，杜忠潮. 我国智慧城市建设的现状及思考 [J]. 中国信息界，2011（02）：28-32.

[14] 沈明欢. "智慧城市"助力我国城市发展模式转型 [J]. 城市观察，2010（03）：140-146.

[15] 郭雨晖，汤志伟，翟元甫. 政策工具视角下智慧城市政策分析：从智慧城市到新型智慧城市 [J]. 情报杂志，2019，38（06）：201-207，200.

[16] 赵建海，屈小爽. 我国新型智慧城市评价指标体系构建与发展建议 [J]. 未来城市设计与运营，2022（08）：16-19.

[17] 杨敏行，黄波，崔翀，等. 基于韧性城市理论的灾害防治研究回顾与展望 [J]. 城市规划学刊，2016（01）：48-55.

[18] ZEMBA V，WELLS E，WOOD M，et al. Defining，measuring，and enhancing resilience for small groups [J]. Safety Science，2019，120：603-616.

[19] RUS K，KILAR V，KOREN D. Resilience assessment of complex urban systems to natural disasters：A new literature review [J]. International Journal of Disaster Risk Reduction，2018，31：311-330.

[20] KEATING A，HANGERKOPP S. Practitioner perspectives of disaster resilience in international development [J]. International Journal of Disaster Risk Reduction，2020，42.

[21] BRUNEAU M，CHANG S E，EGUCHI R T，et al. A Framework to quantitatively assess and enhance the seismic resilience of communities [J]. Earthquake Spectra，2003，19（4）：733-752.

[22] LU P，STEAD D. Understanding the notion of resilience in spatial planning：A case study of Rotter-

dam, the Netherlands [J]. Cities: the international journal of urban policy and planning, 2013, 35: 200-212.

[23] HERRERA M, ABRAHAM E, STOIANOV I. A graph-theoretic framework for assessing the resilience of sectorised water distribution networks [J]. Water Resources Management, 2016, 30: 1685-1699.

[24] JENNINGS B J, VUGRIN E D, BELASICH D K. Resilience certification for commercial buildings: a study of stakeholder perspectives [J]. Environment Systems and Decisions, 2013, 33: 184-194.

[25] CARY C E, ZAPATA C E. Resilient modulus for unsaturated unbound materials [J]. Road Materials and Pavement Design, 2011, 12 (3): 615-638.

[26] NAJJAR W, GAUDIOT J L. Network resilience: A measure of fault tolerance [J]. IEEE Transactions on Computers, 1990, 39 (2): 174-181.

[27] Holling CS. Resilience and stability of ecological systems [J]. Annual Review of Ecology and Systematics, 1973, 4: 1-23.

[28] PIMM S L. The complexity and stability of ecosystems [J]. Nature, 1984, 307: 321-326.

[29] GUNDERSON L H. Ecological resilience-In theory and application [J]. Annual Review of Ecology and Systematics, 2000, 31: 425-439.

[30] WALKER B, HOLLING C S, CARPENTER S R, et al. Resilience, Adaptability and Transformability in Social-Ecological Systems [J]. Ecology and Society, 2004, 9 (2): 5.

[31] SPAANS M, WATERHOUT B. Building up resilience in cities worldwide-Rotterdam as participant in the 100 Resilient Cities Programme [J]. Cities, 2017, 61: 109-116.

[32] 范维澄. 安全韧性城市发展趋势 [J]. 劳动保护, 2020 (03): 20-23.

[33] The United Nations Conference on Housing and Sustainable Urban Development. The Habitat Ⅲ Issue Papers [EB/OL] [2021-7-28]. https://habitat3.org/documents-and-archive/preparatory-documents/issue-papers/.

[34] FLYNN S E. America the Resilient: Defying Terrorism and Mitigating Natural Disasters [Z]. Council on Foreign Relations, 2008, 87 (2): 2-8.

[35] National Infrastructure Advisory Council (US). Critical infrastructure resilience: Final report and recommendations [M]. National Infrastructure Advisory Council, 2009.

[36] BRUNEAU M, CHANG S E, EGUCHI R T, et al. A Framework to Quantitatively Assess and Enhance the Seismic Resilience of Communities [J]. Earthquake Spectra, 2003, 19 (4): 733-752.

[37] 高恩新. 防御性、脆弱性与韧性: 城市安全管理的三重变奏 [J]. 中国行政管理, 2016 (11): 105-110.

[38] SHEN X, WANG G H. "Smart nation" in Singapore: Perspective of the whole of government [J]. Journal of Intelligence, 2018, 37 (11): 69-75.

[39] CHEN T, SHI C M, WANG G Y. Research on urban water environment resilience planning under the background of climate change: A case study of Singapore [J]. Urban Planning International, 2021, 36 (5): 52-60.

[40] RIBEIRO P J G, GONCALVES L A P J. Urban resilience: A conceptual framework [J]. Sustainable Cities and Society, 2019, 50: 1-12.

[41] 吴静, 张凤, 孙翊, 等. 抗疫情助推我国数字化转型: 机遇与挑战 [J]. 中国科学院院刊, 2020, 35 (3): 306-311.

[42] 戚聿东, 肖旭. 数字经济时代的企业管理变革 [J]. 管理世界, 2020, 36 (06): 135-152.

[43] 徐雪松, 闫月, 陈晓红, 等. 智慧韧性城市建设框架体系及路径研究 [J]. 中国工程科学, 2023, 25 (01): 10-19.

[44] 韩自强, 刘杰. 联合国倡导下的韧性城市建设: 内容、机制与启示 [J]. 中国行政管理, 2022, (07): 139-145.

[45] UNDRR. Making Cities Resilient: My City is Getting Ready [EB/OL]. https://www.unisdr.org/campaign/resilientcities/.

[46] UN-Habitat. A Better Quality of Life for all in an Urbanizing World [EB/OL]. https://unhabitat.org/about-us.

[47] 薛澜, 翁凌飞. 中国实现联合国2030年可持续发展目标的政策机遇和挑战 [J]. 中国软科学, 2017 (01): 1-12.

[48] The World Bank. City Resilience Program [EB/OL]. https://www.worldbank.org/en/topic/disasteriskmanagement/brief/city-resilience-program.

[49] 陈一丹, 翟国方. 荷兰鹿特丹市水韧性规划建设及其启示 [J]. 上海城市管理, 2022, 31 (01): 2-10.

[50] 曹哲静. 荷兰空间规划中水治理思路的转变与管理体系探究 [J]. 国际城市规划, 2018, 33 (06): 68-79.

[51] 朱正威, 刘莹莹, 杨洋. 韧性治理: 中国韧性城市建设的实践与探索 [J]. 公共管理与政策评论, 2021, 10 (03): 22-31.

[52] 马奔, 刘杰. 韧性理念如何融入城市治理——基于D市安全发展示范城市创建的启示 [J]. 行政论坛, 2020, 27 (5): 95-101.

[53] 中华人民共和国住房和城乡建设部. 住房和城乡建设部关于支持开展2020年城市体检工作的函 [EB/OL] (2020-06-16) [2021-02-02]. https://www.mohurd.gov.cn/gongkai/zhengce/zhengcefilelib/202006/20200618_245945.html.

[54] 中国共产党第十九届中央委员会. 中共中央关于制定国民经济和社会发展第十四个五年规划和二〇三五年远景目标的建议 [EB/OL]. (2020-11-03). https://www.gov.cn/zhengce/2020-11/03/content_5556991.htm.

[55] 王然. 中国省域生态文明评价指标体系构建与实证研究 [D]. 武汉: 中国地质大学, 2016.

[56] 宋红燕. "多规合一"指标体系研究 [D]. 长沙: 湖南师范大学, 2018.

[57] 朱瑞华. 基于AHP方法的建设工程项目后评价指标体系实证研究 [D]. 成都: 西华大学, 2017.

[58] 区婉雯. 广东省中职学校会计专业学生学业评价指标体系构建研究 [D]. 广州: 广东技术师范大学, 2019.

[59] 郝豫. 环境敏感性重大工程社会安全风险机理分析及量化模型研究 [D]. 北京: 中国地质大学 (北

京），2018.

[60] 李彦彦. 基于成果导向教育理念的《计量地理学》混合式教学探索［J］. 江苏商论，2021（04）：127-129.

[61] 住房和城乡建设部. 住房城乡建设部办公厅关于做好国家智慧城市试点工作的通知［EB/OL］.（2013-02-05）. https：//www.mohurd.gov.cn/gongkai/zhengce/zhengcefilelib/201302/20130205_212789.html.

[62] 张国华. 智慧城市助力成都建设国家中心城市［EB/OL］. http：//dangjian.people.com.cn/n1/2016/1018/c117092-28788217.html.

[63] 秦豪君，杨晓军，马莉，等. 2000—2020年中国西北地区区域性沙尘暴特征及成因［J］. 中国沙漠，2022，42（06）：53-64.

[64] 姜启源，谢金星，叶俊. 数学模型［M］. 北京：高等教育出版社，2018.

[65] 段怡嫣，翟国方，李文静. 城市韧性测度的国际研究进展［J］. 国际城市规划，2021，36（06）：79-85.

[66] 陶希东. 韧性体系建设：全球大城市风险化趋势下的应对策略［J］. 南京社会科学，2022（10）：46-53，62.

[67] 董立人. 秉持"全周期管理"理念推动城市灾害治理现代化［J］. 中国减灾，2020（17）：34-36.

[68] 休斯. 公共管理导论［M］. 张成福，译. 北京：中国人民大学出版社，2001.

重要术语

A

安全韧性

C

城市发展进程　城市化　城市时代　城市灾害　创新变革　城市风险评估　城市人员安全韧性　城市设施安全韧性　城市管理安全韧　层次分析法

D

动态化治理

G

工业社会阶段　工程韧性　工程维度

J

经济维度　计量地理学　局部空间自相关　聚集效应　精细化空间治理规划

K

可持续城市化战略　空间分析理论

L

绿色发展

M

莫兰指数

N

农业社会阶段

Q

全局空间自相关

R

韧性　韧性城市　韧性社区

S

时空演化　数据多元化治理　生态韧性　社会-生态韧性　社会维度

T

突变级数法图层理论

W

网络社会阶段　万象互联

X

信息社会阶段　新型智慧城市　信度检验　效度检验　西部地区　协同治理　协同监督机制

Y

原始社会阶段　以人为本　因子分析法

Z

智慧城市　自然灾害　灾害连锁效应　灾害人为效应　灾害放大效应　智慧地球　资源共享　智慧城市治理体系　专家调查法